첨단과학 LIVE 과학

③ 네트워크와 모바일

천재교육

LIVE 과학

글 / 박동명
어린이들에게 소개하고 싶은 이야기를 카카이 나누어 넣어서 만화로 만드는 일을 합니다. 쓴 책으로는 〈메이플 홈런왕〉, 〈블록 삼국지〉, 〈메이플 스토리 야채 특공대〉 시리즈 등이 있습니다.

그림 / 카툰TM 김수현
카툰TM은 현보 양선모 작가님이 만든 회사로, 다양하고 유익한 어린이 학습 만화 및 만화 제작과 작가 양성에 힘쓰고 있습니다.

학습 구성 및 감수 / 정영식
한국교원대학교에서 컴퓨터교육과를 졸업하였습니다. 현재 전주교육대학교 컴퓨터교육과 교수로 재직하고 있습니다.

LIVE 과학 첨단과학 003 네트워크와 모바일

발행일: 2018년 1월 2일 초판 / 2024년 1월 2일 4쇄
발행처: (주)천재교육
기획편집: 박세경 / **책임편집**: 이은녕, 오수연
글: 박동명 / **그림**: 카툰TM 김수현 / **학습 구성 및 감수**: 정영식
표지 사진 제공: 셔터스톡
본문 사진 제공: 여주시립폰박물관, 셔터스톡, 연합뉴스, 굿프리포토, 위키피디아, 픽사베이
신고번호: 제2001-000018호(1980.5.28)
팩스: 02-3282-1717 / **고객만족센터**: 1577-0902
주소: 08513 서울특별시 금천구 가산로 9길 54 / **홈페이지**: www.chunjae.co.kr

ISBN 979-11-259-7782-7 74400
ISBN 979-11-259-7779-7 74400 (세트)

이 책은 저작권법에 보호받는 저작물이므로 무단 복제, 전송은 법으로 금지되어 있습니다.

추천의 글

새 과학 교육 과정의 핵심 키워드는 바로 **창의와 융합**입니다. 이제 과학 교육은 이론과 실험에 치중했던 기존 방향에서 타 과목과 연계하여 사고하고 또 새로운 아이디어를 창조하는 방향으로 변화하고 있습니다. 〈라이브 과학〉은 이러한 교육 경향에 발맞춰 기획된 학습 만화로, 한정된 분야의 지식이 아닌 **주제와 관련된 광범위한 지식의 확장을 추구하는 만화**입니다.

주인공 아라와 누리는 외계의 로봇입니다. 이들은 지구와 인간에 대해 배우러 왔다가 우연히 지구의 네트워크를 무너뜨리려는 악당과 싸우게 됩니다. 지구의 모든 것이 마냥 신기한 외계 로봇의 시선을 통해 과학 전 분야에 걸친 지식을 습득하고, 과학의 다양한 문제를 새롭게 바라보며 함께 생각할 수 있습니다.

4차 산업 혁명이 시작되는 과학의 전환기, 그 미래의 시작을 〈라이브 과학〉과 함께하시길 바랍니다.

서울교대 과학교육과 교수, 물리교육학 박사
전영석

우리는 그 어느 시기보다 빠른 변화로 인해 날마다 새로워지는 4차 산업 혁명의 시대에 살고 있습니다. 사물과 사물, 인간과 사물 등 모든 것이 연결되는 사회, 인공 지능과 로봇이 공존하는 생활이 펼쳐질 것입니다. 오늘날 최첨단의 과학 기술은 이로운 만큼 한편으로는 해킹과 바이러스 등에 공격당할 위험 요소를 가지고 있습니다. 하지만 우리가 첨단 과학이 가진 장단점을 잘 알고 대비한다면 미래가 그저 두렵기만 하지는 않을 것입니다. **과학 기술은 항상 인간의 행복을 위하여 발전해야 합니다.**

〈라이브 과학〉은 변화된 새 교육 과정에 맞춰 첨단 과학·융합 과학·통합 과학을 강조하는 전문성 있는 커리큘럼으로 구성되어 있습니다. 그중 **최신 과학 주제를 적절히 골라내어 아이들 눈높이에 맞게** 잘 녹여 냈습니다. 또한 **과학으로 미래를 준비하는 꿈나무들의 훌륭한 밑거름**이 될 지식을 잘 버무려 담았습니다. 모든 아이들이 기초부터 차근차근, 깔깔 웃으며 배우길 소망합니다.

전주교대 컴퓨터교육과 교수, 전자계산학(인공 지능 분야) 박사
유정수

이 책의 특징

① 과학 원리 이해!
어렵고 복잡하기만 했던 과학 원리를 만화로 재미있게 익힐 수 있습니다.

첨단 과학, IT 등 최신 과학 이슈가 가득!

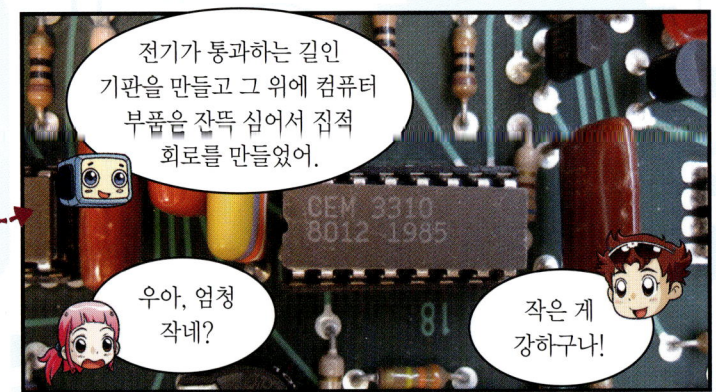

② 핵심 내용이 한눈에, 인포그래픽!
과학 핵심 정보가 시각화되어 있어 정보를 빠르고 쉽게 이해할 수 있습니다.

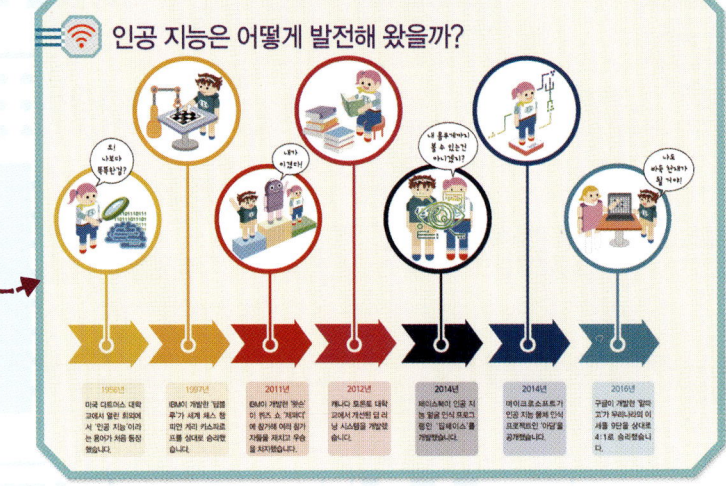

③ 사고력을 키우는 통합 과학!
수학, 역사, 음악, 미술 등 다양한 과목과 연계된 공통의 주제를 통해 지식의 폭을 넓힙니다.

 **공장이 거대 컴퓨터로 변하는 스마트 팩토리**

스마트 팩토리는 공장 안의 모든 장비가 센서와 무선 통신으로 연결된 첨단 공장입니다. 이곳에서는 프로그래밍이 된 기계가 물건의 생산 개수와 종류를 자동으로 계산합니다. 또 기계 고장과 불량품도 즉시 골라냅니다.
스마트 팩토리를 가장 먼저 만든 기업은 미국의 제너럴 일렉트릭입니다.

▲ 제너럴 일렉트릭의 스마트 팩토리

제너럴 일렉트릭은 에디슨이 세운 전기 조명 회사로부터 발전해 세계적인 기업이 되었어!

3D 애니메이션

2D 애니메이션

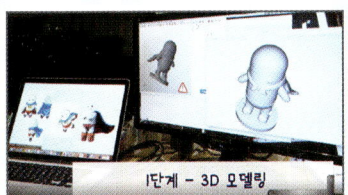
과학 동영상

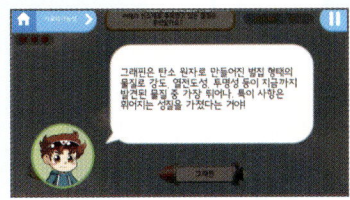
모바일 과학 게임

4 다양한 주제의 멀티미디어!

라이브 과학 애플리케이션을 이용하여 3D·2D 애니메이션, 과학 동영상 등을 만화와 함께 즐길 수 있습니다.

5 모바일 과학 게임!

만화로 얻은 지식을 재미있는 과학 게임으로 확인할 수 있습니다.

첨단 과학을 생생한 영상으로!

각 권마다 5편의 영상이 담겨 있어.

모바일 게임 다운로드는 184쪽에서!

멀티미디어 이용 방법

★ 앱으로 라이브 영상을 감상하려면?

① QR코드를 통해 앱 설치 페이지로 이동하여 〈라이브 과학〉 앱 다운로드!

다운로드 페이지로, GO!

② 앱에서 각 권의 콘텐츠를 담은 뒤 버튼을 눌러서 카메라를 실행합니다.

③ 만화 속 '라이브 영상' 코너에서 카메라 마크가 있는 칸 전체를 비추면 해당 주제의 멀티미디어 재생!

이 마크가 있는 칸을 향해 찰칵~ 찍기만 하면 애니메이션이 짠!

차례

멀티미디어 이용 방법 ·· 5

지난 이야기 ·· 8

1장 네트워크는 어떻게 발전해 왔을까? ································ 10

2장 마르코니는 무선 전신을 성공시켰을까? ······················ 42

3장 인터넷의 발달 과정은 어땠을까? ···································· 70

4장 이동 통신의 발달은 모바일 기기를
   어떻게 변화시켰을까? ··· 108

5장 모바일 사회에서는 어떤 일이 일어날까? ······················ 146

라이브 영상 ·· 31, 58, 87, 158, 174

인포그래픽 핵심 과학 ································· 38, 66, 104, 142, 180

플러스 통합 과학 ·· 40, 68, 106, 144, 182

도전! 과학 퀴즈 / 모바일 과학 게임 ·· 184

정답과 해설 ·· 196

만화 하단의 ★표시는 과학 관련 어휘, ▶표시는 일반 어휘로 구분하였습니다.
＊표시는 새롭게 바뀐 과학 정보를 소개합니다.

등장인물 소개

빅토피아

"난 지구의 문명을 복제한 별이야."

지구의 문명을 그대로 복제한 별. 지구의 자연, 동식물, 과학 기술 등을 고스란히 재현해 놓았으나 아직까지 유일하게 인간만은 복제하지 못했다. 호기심 많은 외계인 빅터들이 살고 있다.

과학자 빅터들

"빅토피아의 문명을 다시 살려야 해!"

빅토피아에 살고 있는 외계인들. 모두 과학자들이며, 빅토피아를 만든 장본인들이다. 그런데 알 수 없는 이유로 지구에서 가져온 데이터가 몽땅 사라지자 개발 중이던 인공 지능 로봇들을 지구로 보내 빅토피아 살리기에 나선다.

아라

"천하무적 아라 님이 나가신다!"

빅토피아에서 개발한 인공 지능 여자 로봇이며, 머리보다는 주먹이 먼저 앞서는 행동파로 프로그래밍되어 있다.

누리

"빅토피아를 위해서라면 무엇이든 해낸다!"

빅토피아에서 개발한 인공 지능 남자 로봇으로, 똑똑하고 신중한 편이다.

스마트, 피처

"네트워크에 대해 알려 주지!"

빅토피아의 탐사 로봇들. 스마트는 잘난 척이 심하고, 피처는 스마트의 조수이다. 아라, 누리를 돕는 역할을 한다.

미니 빅터

"기다려, 빅토피아! 지구의 데이터는 내가 전송한다!"

빅토피아의 중앙 컴퓨터에 무선으로 데이터를 전송할 수 있는 인공 지능 USB이다.

지난 이야기

1장 네트워크는 어떻게 발전해 왔을까?

★전기 : 물질 안에 있는 전자의 이동으로 인하여 생기는 에너지의 한 형태.
▶드러눕다 : 편하게 눕다.

▶ 노숙자 : 길이나 공원 같은 데서 생활하는 사람.
▶ 엘리트 : elite. 사회에서 우수한 능력이 있다고 인정한 사람.

▶ 파견 : 일정한 임무를 주어 사람을 보냄.
▶ 수상하다 : 보통과는 달리 의심스럽다.

★피처 폰: feature phone. 스마트폰이 나오기 전에 사용되었던 무선 전화기로, 전화를 걸고 받는 기능에만 충실한 휴대 전화.

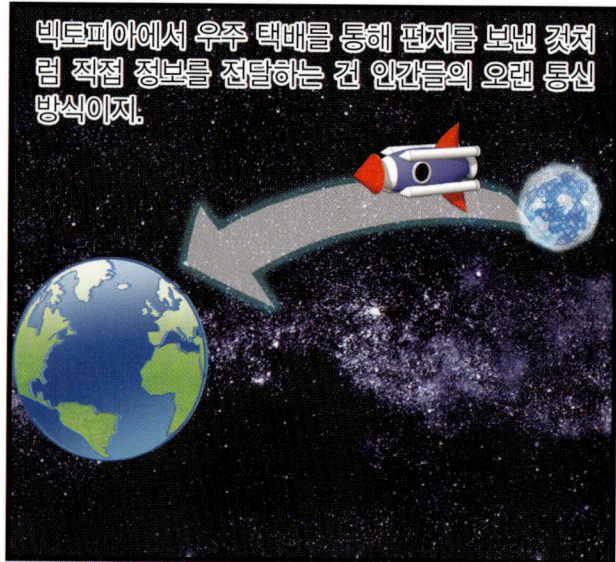

똑똑 과학 옛날의 정보 전달 방식은 어땠을까?

지금처럼 통신 매체가 발달하지 않았던 옛날에는 직접 소통해야 했다. 사람을 만나 이야기하거나, 편지 등을 전달해야 소통이 가능했다.

파발
사람이 말을 타고 정보를 전달한다.

봉수
낮에는 연기로, 밤에는 횃불의 숫자로 알린다.

수기
눈으로 볼 수 있는 거리 내에서 깃발을 이용한다.

전서구
훈련된 비둘기를 이용한다.

▶ **입금** : 돈이 들어옴.
▶ **매체** : 무언가를 한쪽에서 다른 쪽으로 전달하는 물체나 수단.

▶ [14쪽] 소통 : 생각이나 뜻이 서로 통하여 오해가 없게 하는 것.
▶ 짜내다 : 온 힘을 다해 어떤 생각을 나오게 하다.

▶ **흠집** : 깨지거나 상한 자국이 생긴 자리나 흔적.
▶ **암호** : 비밀을 유지하기 위해 당사자끼리만 알 수 있도록 공유한 약속 기호.

★[16쪽] 전신기 : 전류나 전파를 이용하여 통신하는 기계.
★모스 부호 : 미국의 발명가 모스가 고안한 것으로, 점과 선으로 만든 전신 부호.

★전선 : 전류가 흐르도록 만든 선.
▶실시간 : 실제 흐르는 시간과 같은 시간.

★**모스(1791~1872년)** : 미국의 발명가. 1837년 유선 전신기를 발명하였고, 모스 부호를 고안해 냈다.

▶ 한계 : 사물이나 능력 등이 실제 작용할 수 있는 범위.
★ [21쪽] 벨(1847~1922년) : 알렉산더 그레이엄 벨은 1876년 전화기에 대한 특허를 받았다.

★ 황산 : 색깔이 없고 냄새가 없는 액체. 피부에 닿을 경우 피부가 상할 수 있음.
▶ 화상 : 뜨거운 기체나 액체, 고체 등에 피부를 데는 것.

*인류 최초로 전화기를 발명한 사람은 벨로 알려져 있지만, 2002년 안토니오 메우치가 최초의 전화기 발명자로 인정되었다.

▶ **지구인** : 지구에 살고 있는 사람.
▶ **장거리** : 시간이 꽤 걸리는 먼 거리.

▶ **인간적** : 사람다운 성질이 있는 것.
▶ **최저 임금** : 국가가 근로자들의 생활 안정을 위해 최저 수준으로 정한 임금.

▶ **이탈리아** : 유럽 남부에 위치한 나라. 문학과 미술, 음악, 조각, 패션 등의 예술 분야가 잘 발달되어 있다.

★[27쪽] GPS : Global Positioning System. 인공위성을 이용해 사람이나 사물의 위치를 정확히 알아낼 수 있는 시스템.

★버전 : version. 어떤 소프트웨어가 몇 번 개정되었는지를 나타내는 번호.
★업그레이드 : upgrade. 하드웨어나 소프트웨어의 성능을 기존보다 좋은 걸로 바꾸는 것.

★마르코니(1874~1937년) : 이탈리아의 전기 기술자이자 기업가. 무선 통신을 최초로 성공시키고 이를 실용화하였다.

▶ 엉망진창 : 일이나 사물이 헝클어져서 손을 쓸 수 없을 만큼 어수선한 상태를 강조하여 이르는 말.

▶ **쪽지** : 어떤 내용의 글을 적은 종이쪽.
▶ **범인** : 범죄를 저지른 사람.

▶ 라이브 영상 오늘날 제3의 통신

네트워크의 역사는 제1통신부터 제3통신으로 구분되어 있다. 전신기를 통해 전보를 전송하게 된 것을 '제1통신', 전화기를 통해 실시간으로 음성 통화가 가능해진 것을 '제2통신', 그리고 기계와 사람의 ▶유기적인 통신이 가능해진 오늘날을 '제3통신'이라 부른다.

제3통신의 예를 들자면, 무인 화재 감지기가 있다. 장치가 비상 상황을 감지하면 소방대 상황실에 경보를 울리고, 소방대원은 급히 현장으로 출동해 상황을 처리할 수 있다.

▶ **유기적** : 전체를 구성하는 각 부분이 밀접하게 관련이 있는 것.
▶ **뒤바뀌다** : 차례나 위치가 서로 반대로 바뀌거나 뒤섞이다.

▶ 부득이하다 : 마음이 내키지는 않지만, 어쩔 수 없이 해야 하다.
▶ [33쪽] 뒤처지다 : 어떤 수준에 들지 못해 뒤로 처지거나 남게 되다.

▶ **심정** : 마음속에 품고 있는 생각이나 감정.
▶ **입장** : 직접 접하고 있는 상황이나 형편.

▶ 쓸데없다 : 아무런 쓸모나 득이 될 것이 없다.
▶ 포기하다 : 하려던 일을 도중에 그만두어 버리다.

★**버튼** : button. 전기 장치에 전류를 끊거나 이어 주거나 하며 기기를 조작하는 장치.
▶**각오하다** : 앞으로 해야 할 일이나 겪을 일에 대해 마음의 준비를 하다.

개념	위성 기반 ★측위 방식	네트워크 기반 측위 방식
서비스 구성도	위성으로 위치 파악	★기지국으로 위치 파악
특징	높은 위치 정확도, GPS 등 추가 장치 필요	추가 장치 필요 없음, 정확도에 차이가 있음

★**측위** : 위치에 대한 정보를 얻는 것.
★**기지국** : 전파를 주고받는 기능을 하는 작은 통신 기관.

▶ 말투 : 말을 하는 태도나 버릇.
▶ 구질구질하다 : 하는 짓이나 상태가 깨끗하지 못하고 지저분하다.

인포그래픽 핵심 과학

📶 네트워크란?

서로 다른 컴퓨터나 장치들이 연결되어 정보를 주고받거나 자원을 공유할 수 있도록 구성된 통신망이다. 멀리 떨어진 곳에서도 데이터를 주고받을 수 있다.

📶 네트워크와 통신

네트워크는 통신 기술과 함께 발전하였다. 기술 발전에 따라 제1통신부터 제3통신으로 구분한다.

네트워크의 다양한 기능

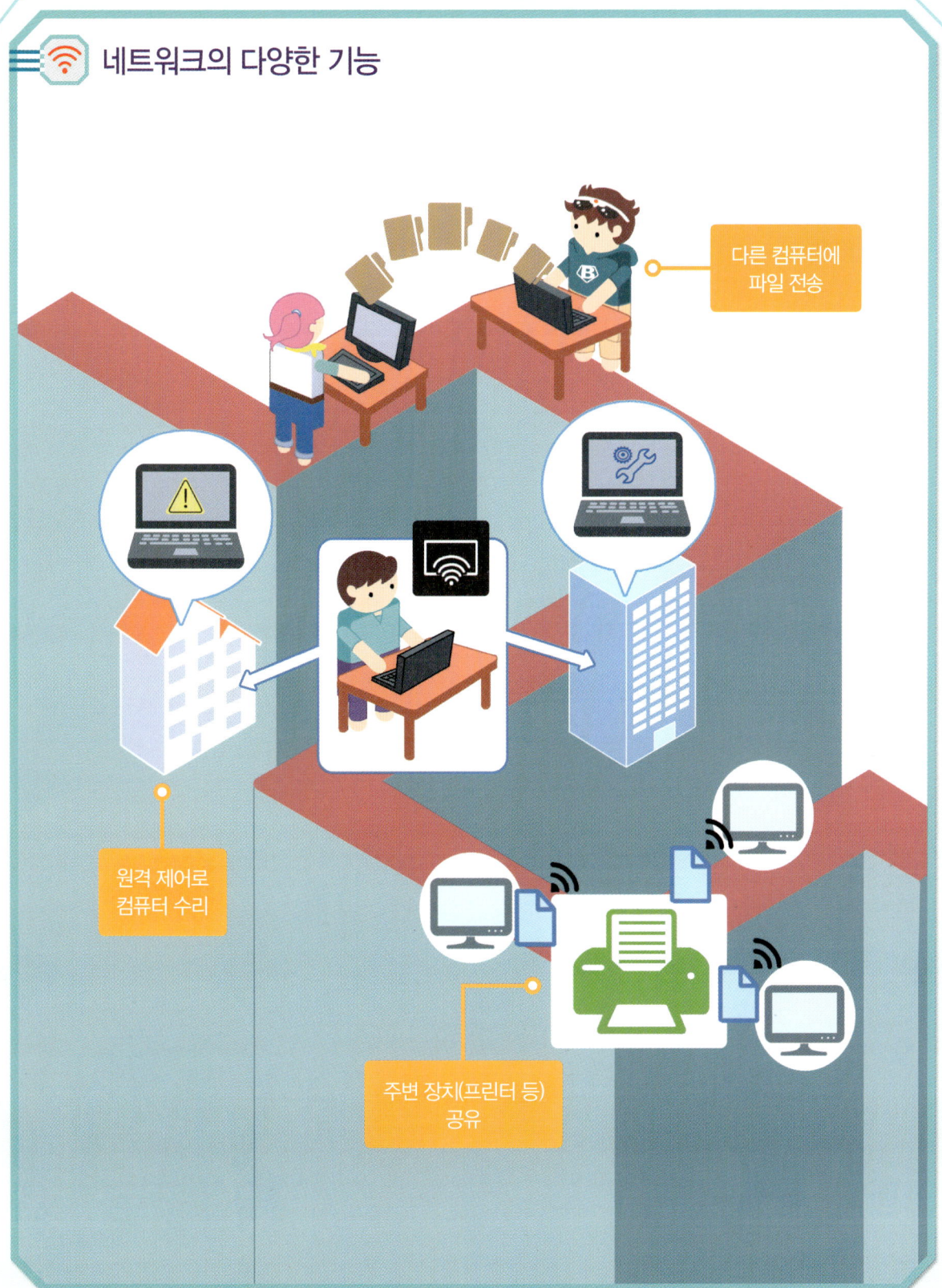

플러스 통합 과학

국어로 정보통신 읽기 | 네트워크가 그물을 나타내는 말이라고?

'네트워크(network)'라는 말은 원래 **그물처럼 얽힌 조직**, **짜임새**를 뜻합니다. 그래서 컴퓨터 통신 외에도 사람이나 단체, 서비스 사이의 관계를 나타낼 때에도 사용되지요. 예를 들어, 각 지역에 흩어져 있는 방송국이 마치 그물처럼 연결되어 같은 방송을 전국에 내보내도록 만들어진 것도 네트워크라고 할 수 있어요. 또 버스나 기차 등이 다니는 길이 여기저기 퍼져 있는 것을 교통 네트워크라고 하고요, 여러 사람과 관계를 맺는 것을 사회적 네트워크라고 한답니다.

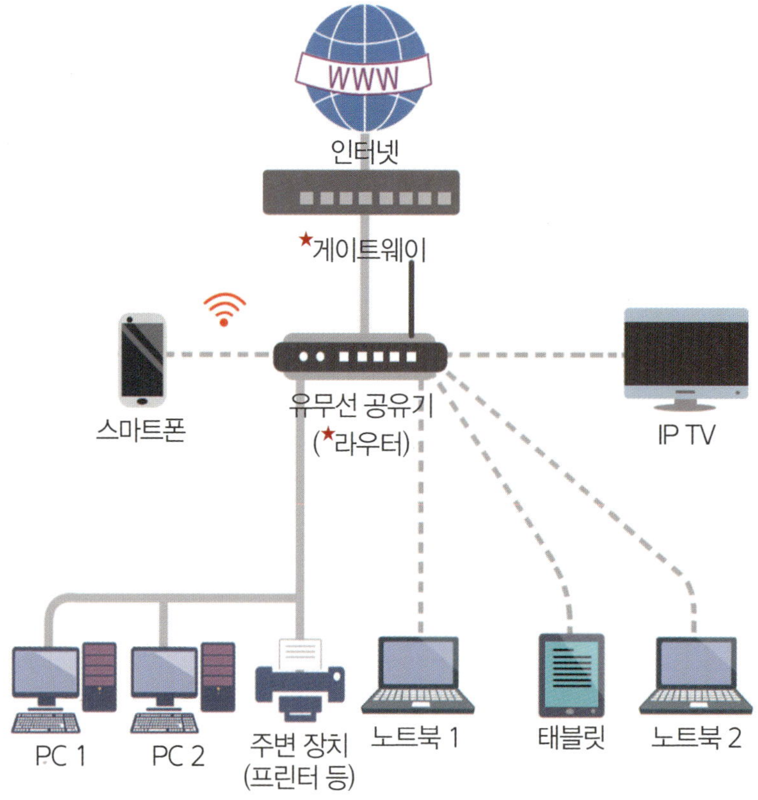

▲ 가상으로 구성한 네트워크 구성도

> 공유기가 있으면 서로 다른 네트워크를 연결할 수 있어.

★**게이트웨이** : gateway. 네트워크 간에 통신을 할 수 있도록 신호를 교환하는 장치.
★**라우터** : router. 서로 다른 네트워크를 연결해 주는 장치.

우리나라는 언제부터 전신 부호를 썼을까?

모스 부호는 새뮤얼 모스에 의하여 발명된 전신 부호입니다. 그렇다면 전신 부호는 나라마다 같은 것을 사용할까요? 정답은 'X'입니다. 전신 부호는 각 나라마다 다르게 사용하는데, 우리나라는 한글로 만들어진 전신 부호를 사용합니다.

우리나라의 전신 부호는 1880년대에 김학우라는 학자가 만들었습니다. 그는 1884년 전신에 대한 연구를 하기 위하여 일본으로 건너가 모스 부호를 배우고, 우리나라만의 전신 부호를 개발하는 데 성공했어요. 이때 만들어진 한글 전신 부호는 1888년 조선전보총국이 설립되면서 본격적으로 활용되기 시작하였습니다.

문자	부호	문자	부호	문자	부호	문자	부호
ㄱ	·-··	ㅇ	-·-	ㅏ	·	ㅠ	·-·
ㄴ	··-·	ㅈ	·--·	ㅑ	··	ㅡ	-··
ㄷ	-·-·	ㅊ	-·-·	ㅓ	-	ㅣ	··-
ㄹ	···-	ㅋ	-··-	ㅕ	···	ㅐ	---
ㅁ	--	ㅌ	--··	ㅗ	·-	ㅔ	-·-·
ㅂ	·--	ㅍ	---	ㅛ	-·		
ㅅ	--·	ㅎ	·---	ㅜ	····		

▲한글 전신 부호

이게 한글 전신 부호구나.

우리나라 1호 전화기는 누가 썼을까?

우리나라에 전화기가 처음 들어온 것은 조선 말기 고종 때의 일입니다. 그런데 이때 전화기는 다른 이름으로 불렸어요. 그 이름은 바로 '덕률풍(德律風)'이었지요. 덕률풍은 영어 '텔레폰(telephone)'을 한자로 고친 것으로, 칭찬과 꾸지람이 바람처럼 위로부터 온다는 의미를 담고 있었어요. 왜냐하면 당시 고종이 전화를 통해 신하들에게 업무를 지시했기 때문이었지요. 그래서 신하들은 벨이 울리면 옷매무새를 가다듬고 세 번 절을 한 뒤에 전화를 받았다고 합니다.

들리느냐?
네, 전하.

2장 마르코니는 무선 전신을 성공시켰을까?

▶ 다짜고짜 : 앞뒤 상황을 생각하지 않고 들이덤벼서.
▶ 훈계하다 : 잘못하지 않도록 주의시키다.

▶ 괴물 : 이상하게 생긴 물체.
▶ 기절하다 : 충격을 받거나 놀라 한동안 정신을 잃다.

★[45쪽] 지진 : 땅속에서 화산 활동 등이 일어나 갑자기 땅이 흔들리는 일. 지진의 진동 크기나 피해 정도에 따라 미진, 약진, 중진, 강진 등으로 나눈다.

▶ 진동 : 흔들려 움직임.
▶ 모드 : mode. 특정한 작업을 할 수 있는 어떠한 상태.

▶ 사양하다 : 받지 않거나 남에게 양보하다.
▶ 몸체 : 물체의 몸이 되는 부분.

★ [46쪽] 버튼 : button. 전기 장치에 전류를 끊거나 이어 주거나 하며 기기를 조작하는 장치.
▶ 맛보다 : 직접 겪어 보다.

★**[49쪽] 데이터** : data. 관찰이나 조사로 얻은 사실이나 정보. 또는 컴퓨터가 처리할 수 있는 형태의 문자, 숫자, 소리, 그림 등의 모든 정보.

▶ 운 : 어떤 일이 잘 이루어지는 운수.
▶ 붙다 : 승부를 다루다.

▶ 보호하다 : 위험하지 않도록 잘 보살피다.
▶ 상관없다 : 문제 될 것이 없다.

▶ 약점 : 모자라서 남에게 뒤떨어지거나 떳떳하지 못한 점.
▶ 정면 : 똑바로 마주 보이는 면.

▶ **공중제비** : 사람이나 물건이 공중에서 도는 것.
▶ **기종** : 기계의 종류.

▶ [52쪽] 폴더 : folder. 화면이 나오는 부분과 버튼을 누르는 부분으로 나누어진 휴대폰. 반으로 접을 수 있다는 특징이 있다.

▶뚜껑 : 물건이 드나들 수 있는 그릇이나 상자 등의 위를 덮어 막는 것.
▶상처 : 몸을 다쳐 부상을 입은 자리.

▶ 흔적 : 어떤 현상이나 실체가 없어진 뒤에 남은 자국이나 자취.
▶ 쫓아가다 : 어떤 대상을 쫓아 급히 가다.

▶ 직전 : 어떤 일이 일어나기 바로 전.
★[57쪽] 전선 : 전류가 흐르도록 만든 선.

말 그대로 *전선의 유무에 따라 유선 혹은 무선이라 부르는 거야. 유선은 전선을 통해 전류를 흐르게 하여 정보를 전달해.

반면에 무선은 전선이 필요 없는 전파를 통해 정보를 전달하지. 그래서 전선이 없는 대신 전파를 흐르게 하는 *안테나가 필요해.

★안테나 : antenna. 공중에 세워서 다른 곳에 전파를 내보내거나 다른 곳의 전파를 받아들이는 장치.

라이브 영상 전자기파의 존재를 밝혀낸 실험

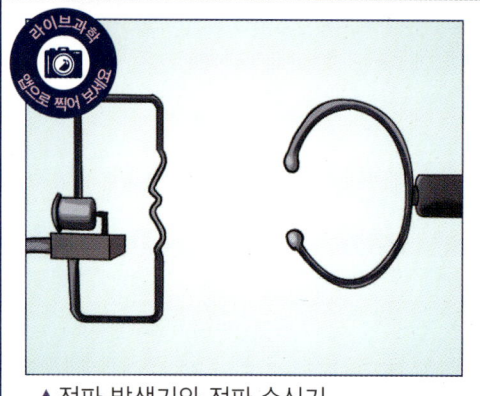

▲ 전파 발생기와 전파 수신기

1873년 영국의 물리학자 ★맥스웰은 전자기파의 존재를 예언하였다. 그로부터 6년 후, 베를린의 과학 아카데미는 "맥스웰이 예언한 전자기파의 존재를 증명한 사람에게 현상금을 주겠다."라고 하였고, 이에 많은 연구자가 이 실험에 몰두하였다.

그중 한 사람인 독일의 물리학자 ★헤르츠가 전자기파의 존재를 확인하는 데 성공하였다. 사람들은 헤르츠의 업적을 기억하고자 주파수 단위를 헤르츠(Hz)로 정하였다.

★맥스웰(1831~1879년) : 전자기파의 존재를 예언하고, 그 이동 속도를 알아낸 과학자.
★헤르츠(1857~1894년) : 전기 진동 실험을 통해 전자기파의 존재를 확인한 과학자.

▶ SOS : 선박이나 항공기가 위기에 처해 있을 때, 무선 통신 장치로 구조를 요청하기 위해 보내는 메시지.

▶ 수신 : 전신이나 전화, 라디오, 텔레비전 방송 등의 신호를 받는 일.
▶ 설치 : 어떤 일을 하는 데 필요한 기계 등을 갖춤.

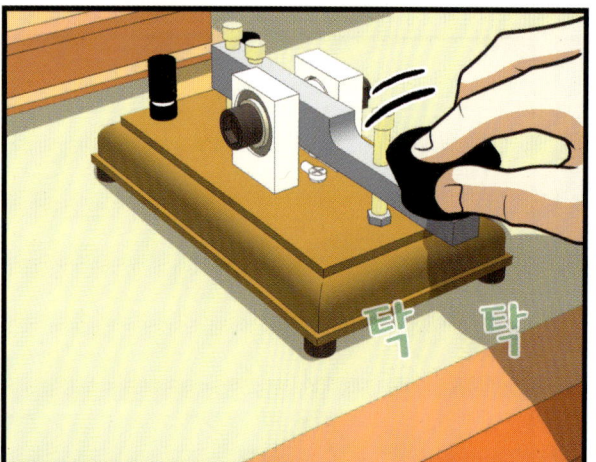

▶ **신호** : 일정한 부호나 소리, 몸짓 등으로 정보를 전달하거나 지시를 하는 것.
▶ **시각** : 시간의 어느 한 시점.

톡톡과학 마르코니 발명의 ▶의의는 무엇일까?

1895년, 마르코니는 무선 전신을 발명하는 데 성공하였다. 이후 점점 더 거리를 늘려 무선 전신 간의 통신을 시도한 마르코니는 1901년 대서양을 사이에 두고 행한 실험에도 성공하였다. 안테나를 통해 전달되는 전파를 이용한 무선 전신의 발명으로 전파 통신이 ▶실용화되었고, 이 공로를 인정받은 마르코니는 1909년 노벨 물리학상을 수상하였다.

오늘날 라디오, TV, 휴대폰, 무선 인터넷 등 모든 기술이 그의 기술을 토대로 하고 있는 것임을 생각할 때 무선 전신은 가히 통신의 혁명을 불러일으켰다고 할 수 있다.

▲ 마르코니(1874~1937년)

▶ **의의** : 어떤 사실이나 행위 등이 갖는 중요성이나 가치.
▶ **실용화되다** : 실제로 쓰이게 되다.

★[65쪽] 업그레이드 : upgrade. 하드웨어나 소프트웨어의 성능을 기존보다 좋은 걸로 바꾸는 것.

▶ 임무 : 맡은 일.
▶ 완수하다 : 뜻한 바를 완전히 이루거나 다 해내다.

인포그래픽 핵심 과학

통신의 역사

Start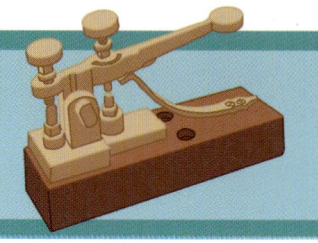

"통신의 발달은 하루아침에 이뤄진 게 아니야!"

1837년
새뮤얼 모스, 유선 전신 발명

1992년
세계 최초 스마트폰 등장

1987년
우리나라, 1가구 1전화 시대

"문자 왔다!"

1996년
2G 이동 통신 보급, 문자 메시지 가능

1997년
우리나라, 초고속 인터넷 개시

2003년
3G 이동 통신 보급, 영상 통화 가능

1854년
안토니오 메우치,
전화기 발명

1895년
굴리엘모 마르코니,
무선 전신 발명

거기 안에 누구요?

1896년
우리나라,
최초 전화기 개통

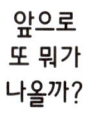

1983년
1G 이동 통신 보급,
세계 최초 휴대폰 등장

1921년
미국,
차량 이동 전화 서비스

앞으로 또 뭐가 나올까?

2011년
4G 이동 통신 보급,
스마트폰 대중화

2019년
5G 이동 통신 보급,
첨단 기술 지원

차세대
이동 통신 기술
개발 중

플러스 통합 과학

우주과학으로 정보통신 읽기
외계인을 향해 쏘아 올린 아레시보 메시지

외계인은 정말 있을까요? 우주 과학자들은 혹시나 있을지도 모를 **외계 생물체에게 지구인의 존재를 알리기 위하여 메시지를** 보내기로 합니다. 이를 위하여 아레시보 천문대에 있는 전파 망원경을 이용하기로 했습니다. 이 망원경은 당시 세계에서 가장 큰 망원경으로, 지름이 무려 305m에 이릅니다.

1974년 11월 16일, 총 1679개의 신호로 이루어진 **아레시보 메시지**는 지구로부터 2만 1천★광년 떨어진 우주 공간으로 출발하였습니다. 과연 인류는 언젠가 외계인으로부터 답장을 받을 수 있을까요?

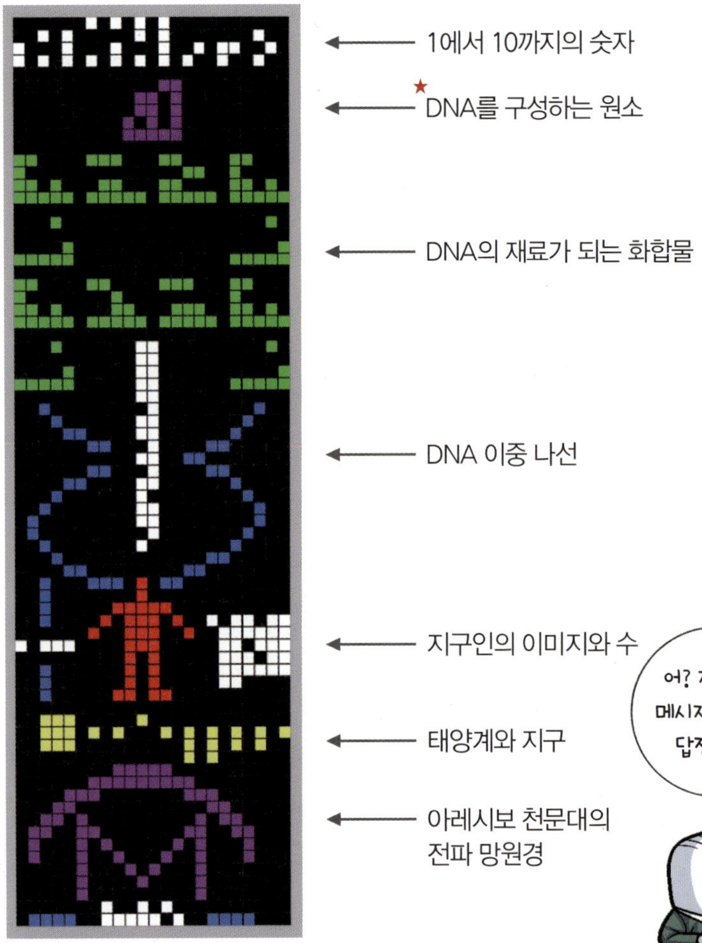

- 1에서 10까지의 숫자
- ★DNA를 구성하는 원소
- DNA의 재료가 되는 화합물
- DNA 이중 나선
- 지구인의 이미지와 수
- 태양계와 지구
- 아레시보 천문대의 전파 망원경

▲아레시보 메세지

★**광년** : 우주에 존재하는 물체와 물체 사이의 거리를 나타내는 단위.
★**DNA** : 생물체 각각의 유전적 특징이 나타나게 하는 유전자를 구성하는 물질.

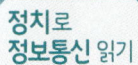 **정치로 정보통신 읽기**

전파 다툼을 조정하는 국제 전기 통신 연합

무선 통신에 주로 쓰이는 전파는 ★주파수에 따라 라디오나 TV 방송 등 활용할 수 있는 분야가 나뉩니다. 그래서 세계 각국은 방송과 통신에 사용할 수 있는 주파수가 필요하지요. 그러나 각 나라마다 사용할 수 있는 주파수는 한정되어 있어요. 그 이유는 전파가 겹치면 통신 속도가 떨어지기 때문이에요. 이러한 문제가 커지면 나라 간의 전파 다툼이 일어나기도 해서 국제 전기 통신 연합이 주파수를 관리하고 있답니다.

국제 전기 통신 연합은 국제 연합(UN)의 여러 전문 기구 중의 하나로, 전기 통신과 관련해 가장 영향력 있는 국제 기구예요. 주로 **전파 사용에 관한 싸움을 조정**하는 일을 하고, ▶**개발 도상국에 대한 기술 지원** 및 협력 기능도 하고 있답니다.

★ 주파수 : 전파가 1초 동안에 진동하는 횟수.
▶ 개발 도상국 : 선진국에 비해 경제 개발이 뒤떨어진 나라.

3장 인터넷의 발달 과정은 어땠을까?

★**인터넷** : internet. 전 세계의 컴퓨터가 서로 연결되어 정보를 교환할 수 있는 하나의 거대한 컴퓨터 통신망.

★월드 와이드 웹 : World Wide Web. 인터넷에 연결된 컴퓨터들을 통해 사람들이 정보를 공유할 수 있는 전 세계적인 정보 공간.

★**유럽입자물리연구소** : 1952년 프랑스, 영국 등 서유럽의 12개 나라가 공동으로 스위스 제네바에 설립하였음. 영어로는 CERN(세른)이라고 한다.

▶ [72쪽] 좀비 : zombie. 초월적인 힘에 의해 되살아난 시체.
▶ [72쪽] 무기력하다 : 어떠한 일을 감당할 수 있는 기운이 없다.

▶**실례하다** : 말이나 행동이 예의에 벗어나다. 상대의 이해를 구하는 인사로 쓰는 경우가 많다.
▶**여쭙다** : 웃어른에게 말씀을 올리다.

▶ 별일 : 드물고 이상한 일.
▶ 맛 : 어떤 사물이나 현상에 대해 느끼는 기분.

★**팀 버너스리(1955년~현재)** : 영국의 컴퓨터 과학자로, 흔히 월드 와이드 웹의 창시자라고 불린다.

▶ 의욕 : 무엇을 하고자 하는 적극적인 마음이나 욕망.
▶ 개발하다 : 새로운 물건을 만들거나 새로운 생각을 내어놓다.

▶ 휴전 : 싸우던 양쪽이 서로 합의하여, 싸움을 얼마 동안 멈추는 일.
▶ 원인 : 어떤 사물이나 상태를 변화시키거나 일으키게 하는 일이나 사건.

▶ [78쪽] 사고 : 사람에게 해를 입혔거나 말썽을 일으킨 나쁜 짓.
▶ 진정하다 : 격렬해진 감정이나 아픔 등을 가라앉히다.

▶무식하다 : 행동이 세련되지 않고 포악한 데가 있다.
▶분석 : 논리적으로 사물의 요소 등을 알아내다.

▶ **임무** : 맡은 일.
▶ **게으름쟁이** : 태도가 느리고 일하기 싫어하는 버릇이 있는 사람.

▶ 스페셜 : special. 특수한, 특별한.
▶ 킥 : kick. 발을 들어올려 차는 동작.

▶ **해괴망측하다** : 말할 수 없이 괴상하다.
▶ **두통** : 머리가 아픈 증세.

▶ 발목 잡히다 : 어떤 일에 꽉 잡혀서 벗어나지 못하다.
▶ 완성하다 : 완전히 다 이루어 내다.

▶ **콩가루가 되다** : 어떤 물건이 완전히 부서지다.
▶ **불길하다** : 운이 좋지 아니하다. 혹은 일이 예사롭지 아니하다.

- ▶ **생뚱맞다** : 매우 엉뚱하다.
- ▶ **스트레스** : stress. 감당하기 어려운 상황에서 느끼는 신경증.

라이브 영상 하이퍼텍스트

하이퍼텍스트는 다른 문서를 연결시켜 놓은 텍스트로, 그것을 ★클릭하면 연결된 문서로 이동할 수 있다. 예를 들어 A의 ▶특정 부분을 읽다가 B로 가거나 D로 가거나 E로 갈 수 있도록 연결되어 있다.

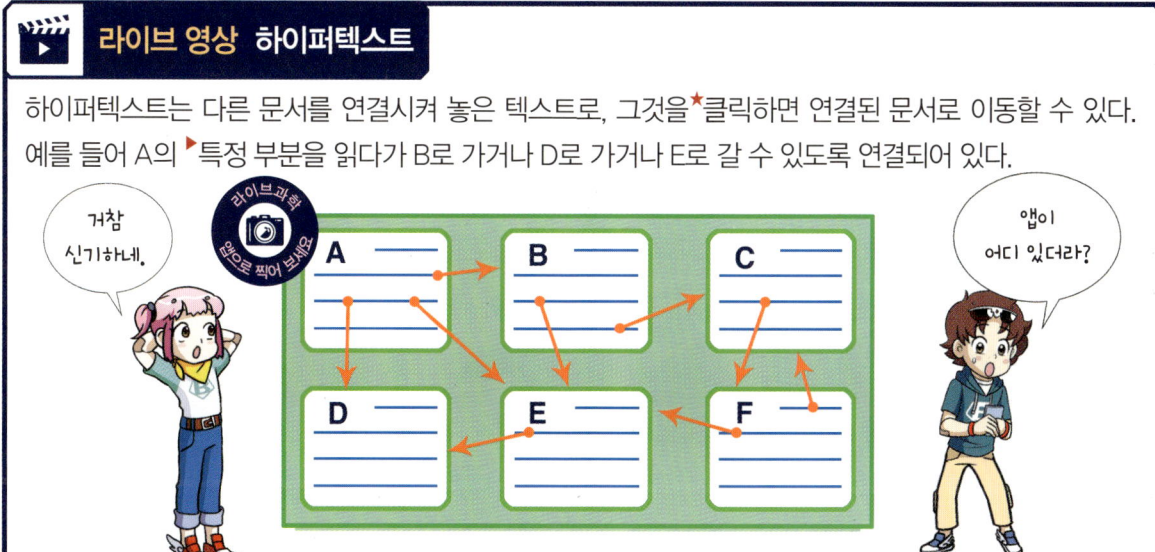

★ 클릭 : click. 마우스 같은 입력 장치의 버튼을 누르는 것.
▶ 특정 : 특별히 정해져 있음.

▶ **힌트** : hint. 어떤 일을 해결하는 데 실마리가 되는 것.
▶ **연극** : 남을 속이기 위하여 꾸며 낸 말이나 행동.

▶ 파괴하다 : 때려 부수거나 깨뜨려 버리다.
▶ 흉물스럽다 : 모양이 흉하고 괴상하다.

- ▶ **생물** : 생명을 가지고 스스로 생활 현상을 유지하여 나가는 물체.
- ▶ **유난스럽다** : 보통과는 다르게 특별하거나 이상하다.

★**프로그램** : program. 컴퓨터의 데이터 처리 순서를 명령으로 정해 놓은 것. 이것을 설계, 작성, 시험하는 일을 프로그래밍이라고 함.

★주소 : 데이터가 저장되어 있는 위치.
▶아이디어 : idea. 어떤 일에 대한 구상.

톡톡 과학 ▶ 월드 와이드 웹과 관련된 용어에는 무엇이 있을까?

월드 와이드 웹은 다양한 형태의 데이터와 정보에 접근할 수 있도록 해 주는 인터넷 서비스이다. 팀 버너스리는 월드 와이드 웹을 만들 때 몇 가지 개념들을 함께 연구하였는데, 대표적으로 URL과 HTML, HTTP가 있다.

URL은 원하는 정보가 있는 웹 페이지를 나타내는 주소이고, HTML은 하이퍼텍스트 문서를 구성하기 위한 언어이다. HTTP는 웹에서 텍스트, 그래픽 이미지 등 기타 멀티미디어 파일 등을 주고받는 데 필요한 통신 *프로토콜을 말한다.

▶ 체계: 일정한 원리에 따라 짜임새 있게 조직되어 통일된 전체.
★ 프로토콜: protocol. 컴퓨터 간에 정보를 주고받을 때의 통신 방법에 대한 약속.

▶ **방해꾼** : 남의 일에 해를 끼치는 사람을 낮잡아 이르는 말.
▶ **따끔하다** : 마음에 큰 자극을 받아 따갑다.

▶ **놀리다** : 짓궂게 굴거나 웃음거리로 만들다.
▶ **일리** : 맞다고 생각되는 것.

▶ **수단** : 어떤 목적을 이루기 위한 방법.
▶ **[97쪽] 세계적** : 이름이나 영향 등이 온 세계에 미치거나 세계에서 가장 뛰어난 것.

★**사이트** : site. 웹 사이트를 줄여서 부르는 말. 웹의 정보들을 모아 놓은 곳으로 홈페이지 또는 누리집이라고도 함.

▶ 프로젝트 : project. 연구나 사업. 혹은 그 계획.
▶ 논문 : 어떤 것에 대해 체계적으로 적은 글.

▶ 일일이 : 하나씩 하나씩.
▶ 열(을) 내다 : 흥분하여 화를 내다.

▶ 밤낮을 가리지 않다 : 쉬지 않고 계속하다.
▶ 무질서 : 질서가 없음.

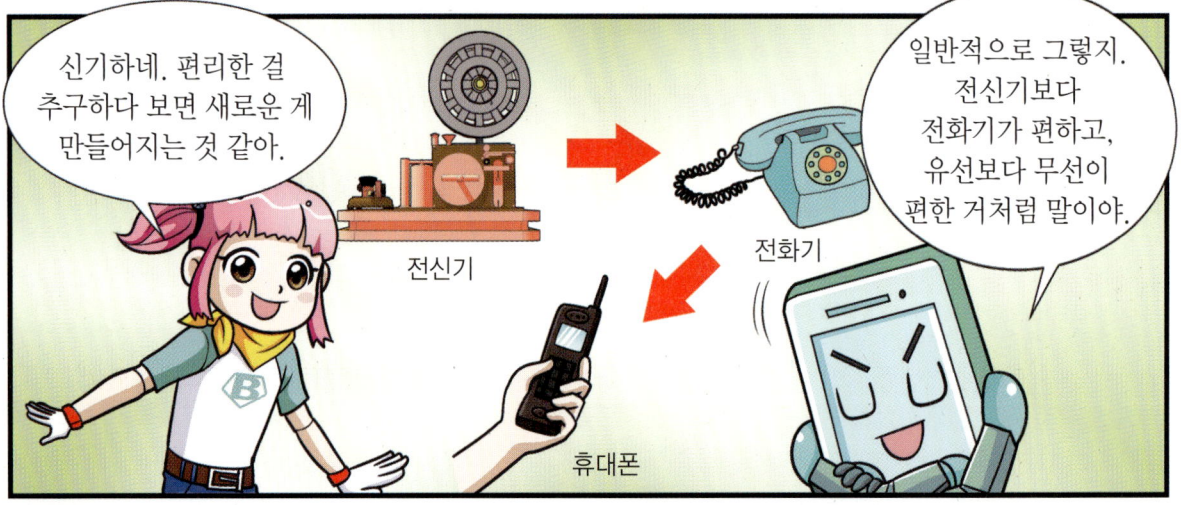

▶ [103쪽] 케이블 : cable. 전기가 통하지 아니하는 물질로 겉을 감싼 전화선이나 전력선.
★ [103쪽] 와이파이 : Wireless Fidelity. 무선 인터넷이 가능한 근거리 통신망.

톡톡 과학 : 무선 인터넷이란 무엇일까?

기존의 전화선이나 ▶케이블 등 인터넷 통신을 위해 선을 컴퓨터에 연결하여 사용하는 유선 인터넷과는 구별되는 것으로, 이동 인터넷이라고도 한다. 시간과 장소에 구애받지 않고 언제 어디서나 인터넷을 이용할 수 있다는 장점이 있다.

우리나라에서는 2010년부터 스마트폰이 널리 쓰이면서 무선 인터넷 산업의 규모도 크게 확장되었고, 이용자 수 역시 크게 증가하였다. 최근에는 무선 인터넷망을 활용한 전화 서비스가 시작되어, 무료로 통화를 할 수 있게 되었다. 무선 인터넷의 발달은 기존 통신 시스템의 큰 변화를 가져왔다.

▲와이파이(Wi-Fi)

★**모바일** : mobile. '움직일 수 있는'이라는 뜻으로, 이동성을 가지고 있는 것을 가리킨다. 보통 휴대용 정보 통신 기기를 의미한다.

인포그래픽 핵심 과학

한눈에 보는 검색 과정

다음은 검색 엔진의 검색 과정을 상품을 찾고 발송하는 택배 서비스에 비유한 것이다.

상품 입고

상품 준비

배송할 상품이 어디에 있더라?

1단계 : 검색하기 전

검색어를 입력하기 한참 전부터 ★검색 로봇에 의해 검색 과정이 시작된다.

2단계 : 검색 중

검색어를 입력하면 검색어를 포함한 웹 서버의 주소를 찾기 시작한다.

★**검색 로봇** : 최신 정보를 수집하는 프로그램. 검색 엔진의 대부분은 검색 로봇을 통해 정보를 업데이트한다.

배송 준비

배송 완료

3단계 : 순위 선정
검색어를 포함한 웹 서버 주소 중 가장 연관성 높은 결과를 골라낸다.

4단계 : 검색 완료
순위를 매긴 결과를 페이지에 순서대로 표시한다.

플러스 통합 과학

국어로 정보통신 읽기 검색 결과로 독감 유행 기간을 알 수 있을까?

2008년, 구글은 '독감 트렌드'라는 사이트를 통해 독감의 유행을 예보하였어요. **독감과 관련 있는 검색어들과 과거 독감 발생률을 분석해 독감의 유행 기간과 지역을 예측**하였던 것이지요.
그렇다면 그 결과는 어땠을까요? 놀랍게도 미국 질병 통제 예방 센터의 예상치와 비교해 봐도 거의 유사한 결과를 나타냈다고 합니다. 현재는 독감 예측 서비스를 종료한 상태지만, 우리가 검색한 단어들을 바탕으로 새로운 것을 예측해 냈다는 사실은 무척 흥미롭죠?

가까운 병원을 검색해 봐야겠다.

경제로 정보통신 읽기 내가 이 물건을 살 줄 알았다고?

드론 배송 서비스로 유명한 인터넷 기업 아마존은 2014년 *빅데이터를 통한 '결제 예측 배송 서비스'에 대한 특허를 받았습니다. 이 서비스는 고객이 물건을 주문하기도 전에 물건을 고객과 가까운 물류 창고나 배송 트럭에 옮겨 놓는 것이에요. 어떻게 고객이 그 물건을 주문할 것을 알았을까요? 그건 바로 빅데이터를 활용하였기 때문이에요.
빅데이터는 온라인에서 만들어지는 모든 정보를 뜻하는데, 아마존에서는 고객의 예전 구입 정보나 반복 검색어뿐만 아니라 어떤 상품을 오랫동안 살펴보았는지 등을 분석해 주문을 예측한다고 합니다.

▲ 물건을 배송하는 드론

사람이 탈 수 있는 드론도 있어!

★**빅데이터** : big data. 온라인에서 만들어지는 문자, 영상, 수치 등의 모든 정보와 그것을 처리하는 기술. 매일 새로 만들어지는 정보량이 엄청나다.

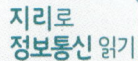 **지리로 정보통신 읽기** 　**미국에 있는 친구와 연락하는 가장 빠른 방법은 무엇일까?**

아시아와 아메리카 대륙 사이에는 커다란 태평양이 있어요. 이 거대한 바다를 넘어 미국에 있는 친구와 통신을 하려면 인공위성을 통한 무선 통신이나 ▶해저 케이블을 통한 유선 통신을 이용해야 합니다. 최근에는 해저 케이블의 인기가 높아지고 있어요. **정보 전송 속도**를 비교해 보면 **해저 케이블이 인공위성보다 2배** 이상 빠르기 때문이지요.

예를 들어 볼까요? 브라질에서 열리는 축구 경기를 한국에 중계한다고 할 때 인공위성으로 전송할 경우에는 0.5초가 걸리는 반면, 해저 케이블을 이용하면 0.2초밖에 걸리지 않는다고 합니다.

왜 이렇게 차이가 나냐고요? 그 비밀은 해저 케이블 속에 있는 ▶광섬유에 있어요. 머리카락보다 가느다란 광섬유 한 가닥이면 4천 명이 넘는 사람이 동시에 통신할 수 있거든요. 그러므로 **미국에 있는 친구와 가장 빠르게 연락을 하기 위해서는 태평양을 가로지르는 해저 케이블을 사용**해야 합니다.

▲해저로 들어가는 해양 로봇

▲바닷속을 탐사하는 해양 로봇

▶ **해저 케이블** : 바닷속에 설치된 전화선 또는 전기선.
▶ **광섬유** : 빛을 이용하여 정보를 전달할 때 쓰는 가느다란 유리 섬유.

4장 *이동 통신의 발달은 모바일 기기를 어떻게 변화시켰을까?

흐흐~ 임무 완수!

속이 다 시원하네.

지금쯤이면 월드 와이드 웹 개발은 ▶물거품이 됐겠지?

★**이동 통신** : 고정되지 않은 위치에서 이동 중에 무선으로 통신하는 방법. 휴대폰, 배나 자동차에 달린 전화 등이 있음.

▶ [108쪽] 물거품 : 노력이 헛되게 된 상태를 비유적으로 이르는 말.
▶ 변신하다 : 몸의 모양이나 태도 등을 바꾸다.

이동 통신의 발달 과정은 어땠을까?

1세대 아날로그 통신 방식은 *주파수가 제한되어 있어 가입자를 마음껏 늘릴 수 없었다. 이를 해결하기 위하여 디지털 방식의 이동 통신 시스템을 개발하였다. 디지털 방식은 선명한 음성 서비스를 제공하고, *데이터 통신을 가능하게 해 주었다. 데이터 전송 속도는 점차 빨라져 오늘날 실시간 영상을 끊이지 않고 볼 수 있을 정도가 되었다.

데이터 전송 속도는 *bps로 표기하는데, 이는 1초 동안 전송할 수 있는 *비트(bit)의 수를 뜻한다. bps는 단위가 1000씩 커질수록 Kbps, Mbps, Gbps, Tbps라고 표기한다. 오늘날 전 세계적으로 전파되고 있는 5세대 이동 통신은 4세대 이동 통신 대비 약 10배쯤 더 빠른 속도를 제공합니다.

구분	1세대	2세대	3세대	4세대	5세대
데이터 종류	아날로그	디지털	디지털	디지털	디지털
최고 전송 속도	14.4Kbps	144Kbps	14Mbps	75Mbps	1Gbps
주요 서비스	음성 통화	문자 메시지	영상 통화	실시간 멀티미디어	홀로그램, 사물 인터넷
상용화 시기	1980년대	1990년대	2000년대	2010년대	2020년대

★주파수 : 전파가 1초 동안에 진동하는 횟수.
★데이터 통신 : 서로 떨어진 기계 간의 정보를 주고받는 통신 방식.

★[110쪽] bps : bits per second의 약자. 데이터 전송 속도를 나타내는 단위.
★[110쪽] 비트 : bit. 컴퓨터에서 사용하는 가장 작은 정보 단위.

★업그레이드 : upgrade. 하드웨어나 소프트웨어의 기능을 기존보다 좋은 걸로 바꾸는 것.
▶망가뜨리다 : 부수거나 찌그러지게 하여 못 쓰게 만들다.

▶ 일 처리 : 어떤 일을 절차에 따라 정리하여 치르거나 마무리를 지음.
▶ 밀어붙이다 : 여유를 주지 아니하고 계속 몰아붙이다.

▶ [115쪽] 상업용 : 상품을 사고파는 행위를 통하여 이익을 얻는 일을 하는 데 쓰임.
▶ [115쪽] 전역 : 어느 지역의 전체.

▶ **고가품** : 값이 비싼 물품.
▶ **무작정** : 미리 정한 것이 없음.

▶ **유사하다** : 서로 비슷하다.
▶ **특성** : 한 대상을 특징짓는 고유한 성질.

▶ 내뱉다 : 입속에 있던 것을 입 밖으로 뱉어 내보내다.
▶ 재채기 : 코 속의 이물질을 내보내기 위하여 순간적으로 격렬하게 숨을 뿜어내는 행동.

▶밧줄 : 굵게 꼰 줄.
★자판 : 글자판이 일정하게 배열되어 있는 입력 장치.

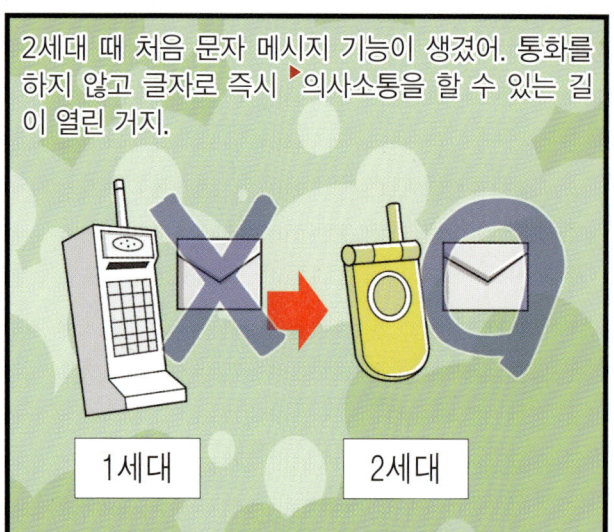

▶ 모형 : 실물을 모방하여 만든 물건.
▶ 의사소통 : 가지고 있는 생각이나 뜻이 통함.

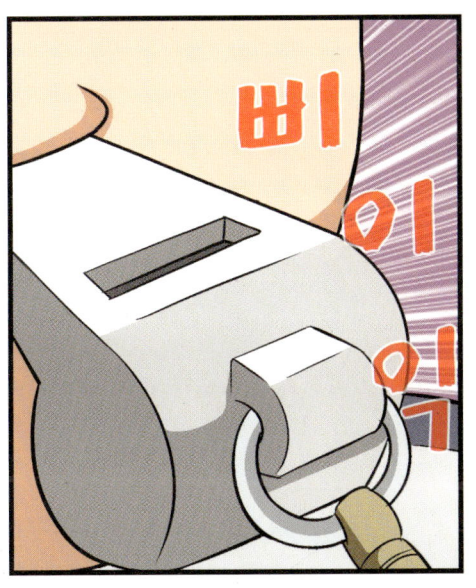

★구글플렉스 : Googleplex. 세계적인 IT 기업 구글의 본사. 미국 캘리포니아에 위치해 있다.
▶견학 : 실제로 보고 그 일에 관한 구체적인 지식을 넓힘.

★ 검색 엔진 : 인터넷에서 자료를 쉽게 찾을 수 있게 도와주는 소프트웨어.
▶ 일행 : 함께 길을 가는 사람들의 무리.

▶ **열풍** : 매우 세차게 일어나는 기운이나 기세를 비유적으로 이르는 말.
▶ **야심작** : 새로운 시도를 하여 큰 성과를 기대하는 제품.

톡톡 과학 — 모바일 운영 체제란 무엇일까?

모바일 운영 체제는 스마트폰 같은 모바일 기기를 작동하기 위한 소프트웨어이다. 이메일이나 검색, 뉴스 보기, 게임 등의 기능을 구현한다.

모바일 운영 체제의 대표 주자로는 구글의 안드로이드, 그리고 애플의 iOS 등이 있다.

▲ 애플의 로고

▲ 구글의 로고

▶ 편의성 : 조건 등이 편하고 좋은 특성.
▶ 개방성 : 태도나 생각 등이 거리낌 없고 열려 있는 상태.

★[124쪽] 호환성 : 하드웨어나 소프트웨어를 서로 다른 종류의 컴퓨터나 장치에서도 변경하지 아니하고 그대로 사용할 수 있는 성질.

▶ 수다쟁이 : 말이 지나치게 많은 사람.
▶ 비슷하다 : 똑같지는 않지만 어느 정도 일치하는 면이 많다.

▶ **최첨단** : 시대나 유행의 맨 앞.
▶ **가소롭다** : 같잖아서 우습다.

▶ [129쪽] 초단거리 : 매우 짧은 거리.
▶ [129쪽] 저전력 : 전력 소비가 적은 것.

블루투스는 무엇일까?

블루투스는 휴대폰, 노트북, 이어폰 등의 휴대 기기를 서로 연결해 정보를 교환하는 근거리 무선 통신 기술을 뜻한다. 주로 10미터 안팎의 ▶초단거리에서 ▶저전력 무선 연결이 필요할 때 쓰인다. 그러나 블루투스를 켜 놓은 상태에서는 ★해킹을 당할 위험이 있으므로 보안에 유의해야 한다.

사용하지 않을 때는 꺼 두는 게 좋아.

▲ 블루투스 로고

★해킹 : hacking. 다른 사람의 컴퓨터 시스템에 무단으로 침입하여 데이터와 프로그램을 없애거나 망치는 일.

▶**애송이** : 어린 티가 나는 사람을 낮잡아 이르는 말.
▶**도발** : 남을 자극하여 일어나게 함.

▶ 감전되다 : 신체 일부가 전기에 닿아 순간적으로 충격을 받다. 심할 경우, 화상을 입거나 목숨을 잃기도 한다.

▶파마 : permanent. 화학 약품 등을 이용하여 머리를 구불구불하게 하거나 곧게 펴는 것.
▶전원 : 전기 코드의 콘센트처럼 기계 등에 전류가 시작되는 곳.

▶ 별수 없다 : 별다른 방법이 없다.
▶ 모드 : mode. 특정한 작업을 할 수 있는 어떠한 상태.

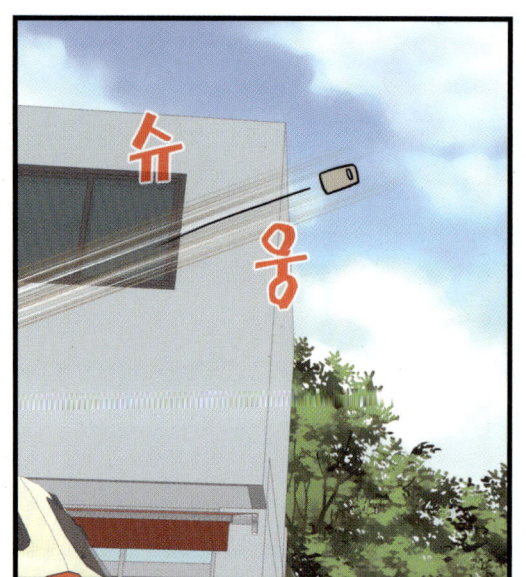

▶무전기 : 무선 전신이나 무선 전화를 하는 데 쓰는 기계.
▶구형 : 예전의 방식이나 형식.

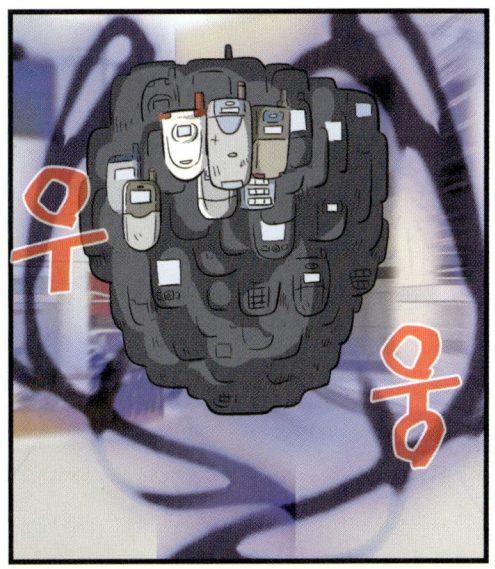
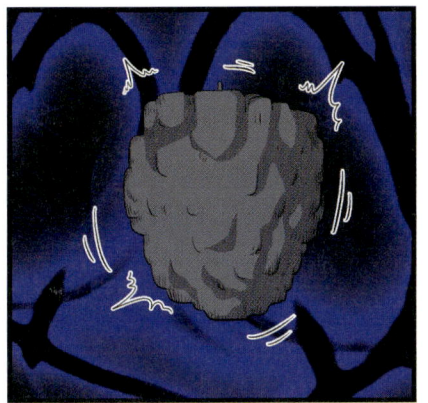
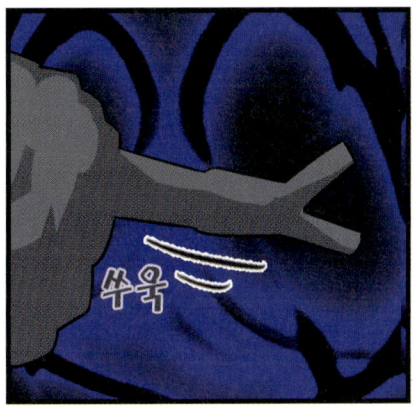
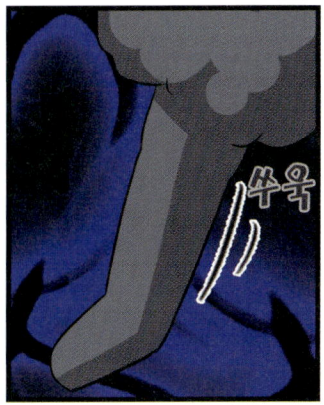

▶ 끝을 보다 : 일을 끝맺다.
▶ 듣도 보도 못하다 : 전혀 알지 못하다.

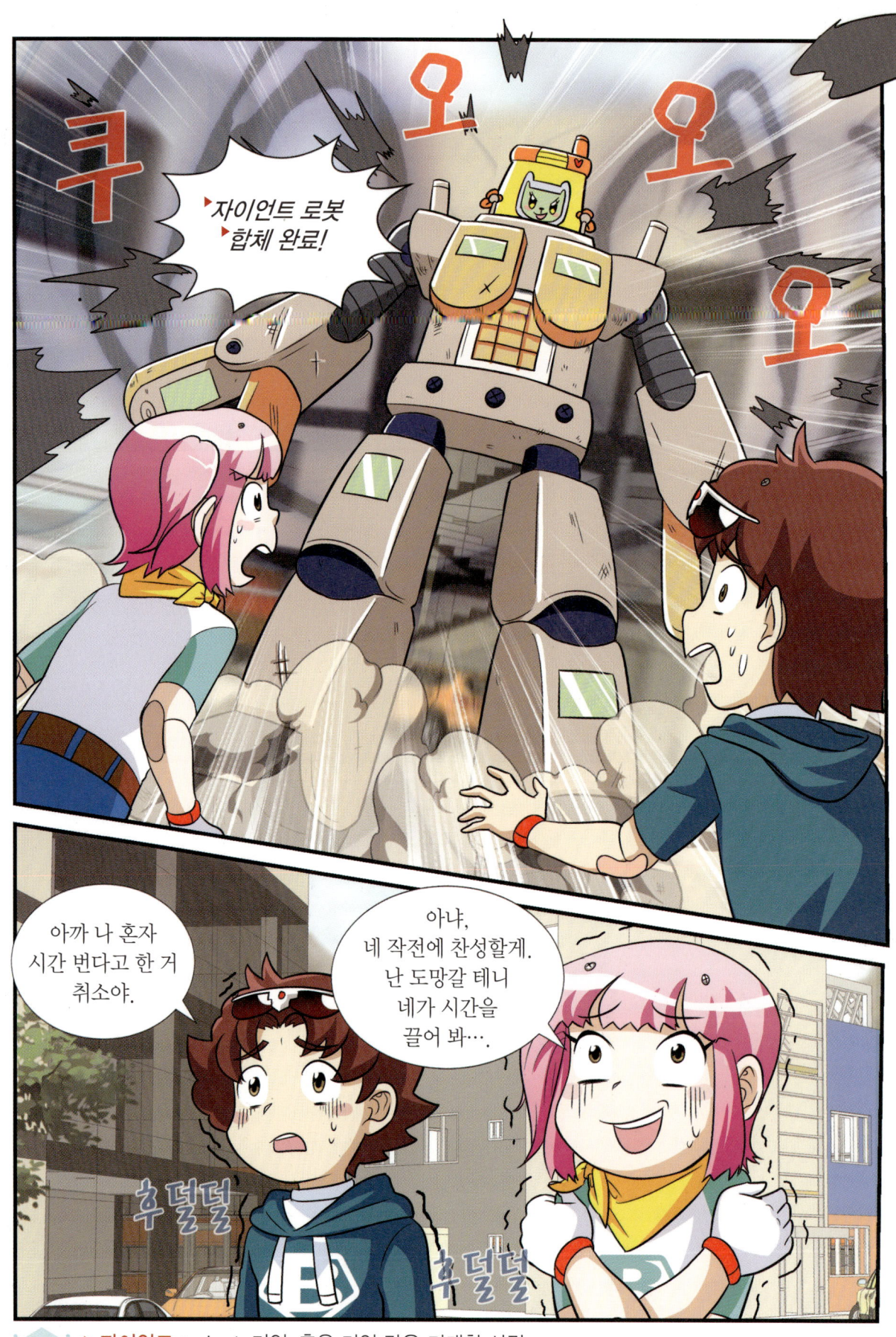

▶ 자이언트 : giant. 거인. 혹은 거인 같은 거대한 사람.
▶ 합체 : 둘 이상의 것이 합쳐져 하나가 됨.

▶ **미래** : 앞으로 다가올 날.
▶ **속닥거리다** : 남이 알아듣지 못하도록 작은 목소리로 이야기하다.

★로딩 : loading. 기기를 작동시켰을 때 필요한 프로그램이나 데이터를 모니터나 출력 장치로 옮기는 일.

▶ 몸집 : 몸의 부피.
▶ 부활 : 죽었다가 다시 살아남.

▶ **대출** : 돈이나 물건 따위를 빌려주거나 빌림.
▶ **무음** : 소리가 없음.

톡톡 과학: 스팸이란 무엇일까?

스팸은 *메일이나 문자 메시지 등을 많은 사람들에게 동의 없이 보내는 광고 메시지이다.
'스팸'이라는 말은 미국 식품 업체의 햄 이름에서 유래하였다. 이 회사가 스팸을 ▶과도하게 광고하는 바람에 사람들에게 오히려 안 좋은 인식을 심어 주었고, 이를 계기로 스팸 메시지라는 말이 생겼다.

★ **메일** : mail. 인터넷 등을 이용해 편지를 주고받는 우편 방식.
▶ **과도하다** : 정도에 지나치다.

인포그래픽 핵심 과학

 휴대폰 발달의 역사

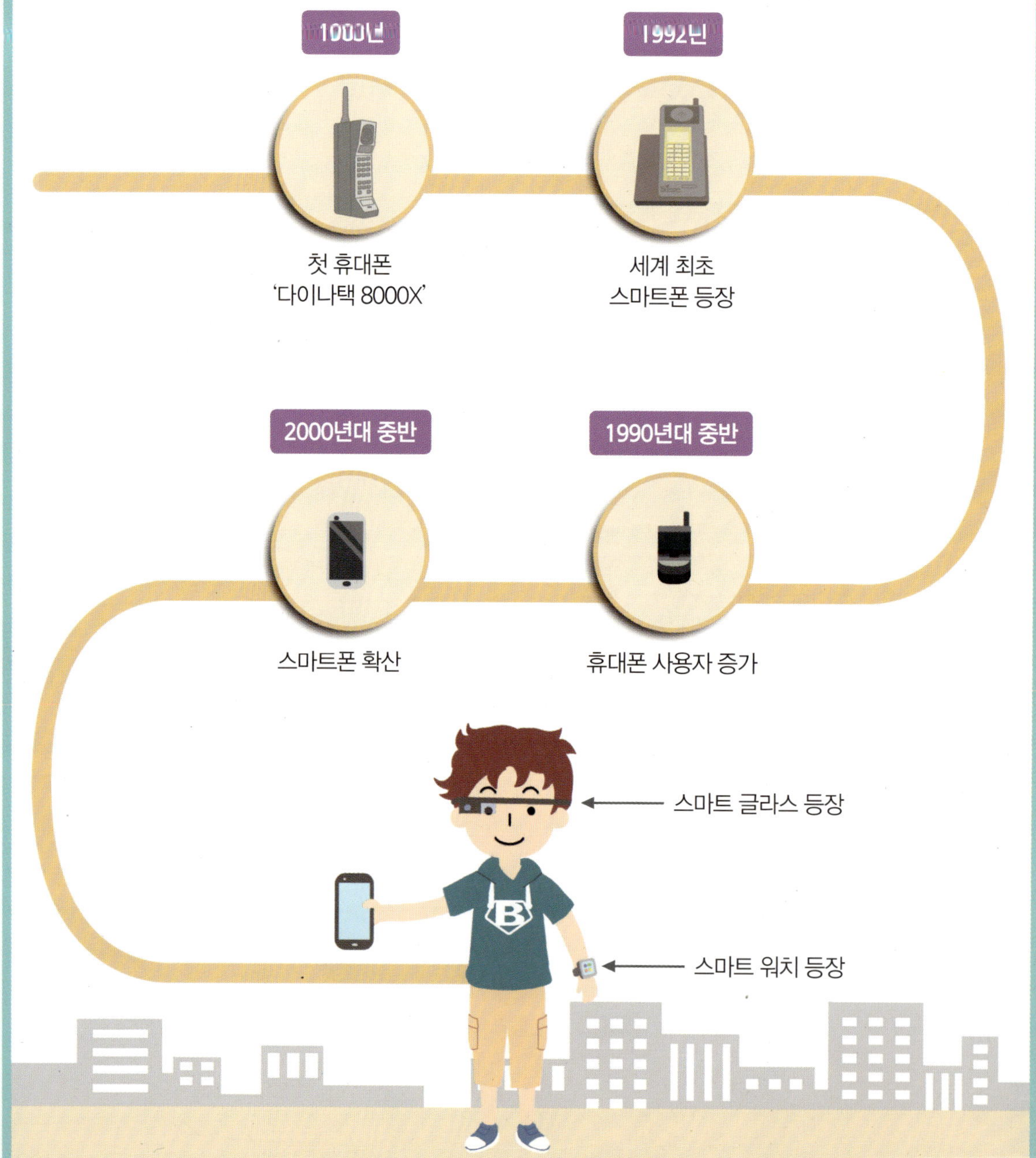

1983년
첫 휴대폰
'다이나택 8000X'

1992년
세계 최초
스마트폰 등장

1990년대 중반
휴대폰 사용자 증가

2000년대 중반
스마트폰 확산

← 스마트 글라스 등장

← 스마트 워치 등장

스마트폰 내부 구조

- 액정 화면 스크린 ★모듈
- 빛 센서
- 홈 버튼 지문 센서
- 카메라 모듈
- 배터리
- 소리 입력·출력
- 카메라 렌즈
- 소리 조절
- 메인 보드

스마트폰에 달린 센서의 종류

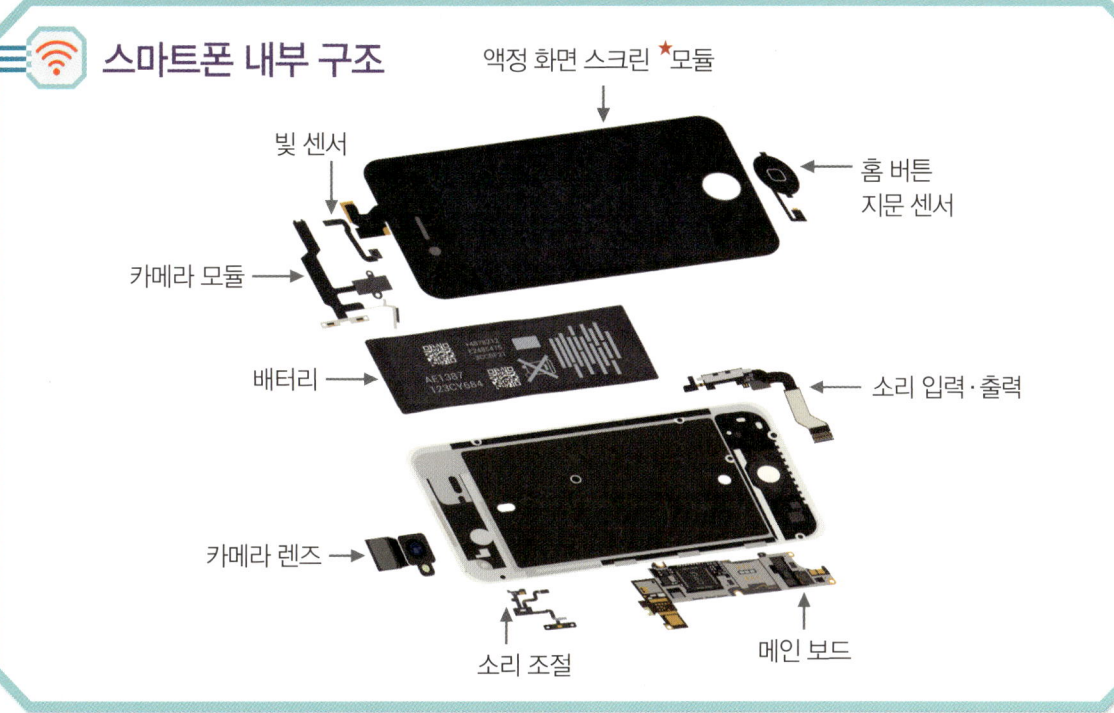

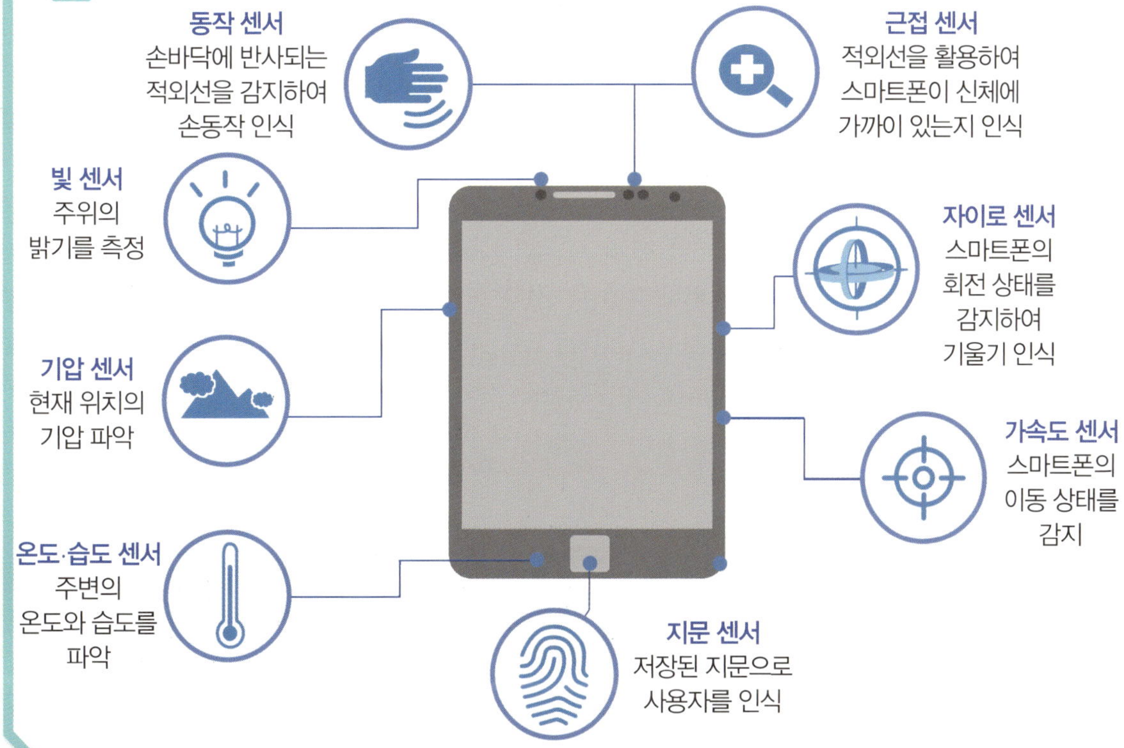

- **동작 센서** 손바닥에 반사되는 적외선을 감지하여 손동작 인식
- **근접 센서** 적외선을 활용하여 스마트폰이 신체에 가까이 있는지 인식
- **빛 센서** 주위의 밝기를 측정
- **자이로 센서** 스마트폰의 회전 상태를 감지하여 기울기 인식
- **기압 센서** 현재 위치의 기압 파악
- **가속도 센서** 스마트폰의 이동 상태를 감지
- **온도·습도 센서** 주변의 온도와 습도를 파악
- **지문 센서** 저장된 지문으로 사용자를 인식

★모듈 : module. 기계 등을 구성하는 규격화된 부품.

플러스 통합 과학

통계로 정보통신 읽기 — 세계에서 스마트폰 보급률이 가장 높은 나라는 어디일까?

어느 시장 조사 업체에 따르면, 2016년을 기준으로 전 세계 스마트폰 보급률이 약 70% 수준에 이르렀습니다.
그중 **한국의 스마트폰 보급률은 91%**를 기록하여, **세계에서 스마트폰 보급률이 가장 높은 나라**로 선정되었습니다. 즉, 한국인 10명 중 9명이 스마트폰을 쓰고 있다는 뜻이지요.

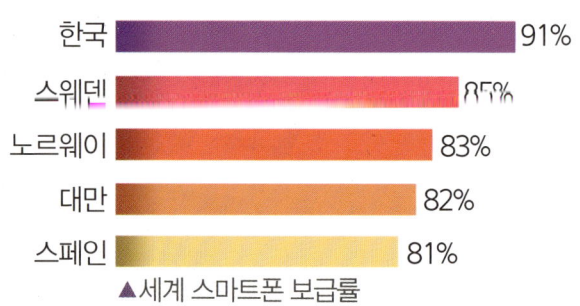

▲ 세계 스마트폰 보급률

- 한국 91%
- 스웨덴 85%
- 노르웨이 83%
- 대만 82%
- 스페인 81%

오~ 역시 IT 강국다워!

역사로 정보통신 읽기 — 푸른 이빨은 어쩌다 IT 용어가 됐을까?

블루투스(bluetooth)를 직역하면 푸른(blue) 이빨(tooth)입니다. 어쩌다 푸른 이빨이 IT 용어가 됐는지 한번 알아볼까요?

블루투스는 10세기경 덴마크와 노르웨이가 있는 스칸디나비아반도를 하나로 통일하였던 해럴드 왕의 별명에서 유래되었습니다. 그의 별명은 바로 '블루투스'였어요. 평소 블루베리를 즐겨 먹은 탓에 앞니가 푸른색을 띠었기 때문이었죠.

1994년, 에릭슨이라는 회사에서 휴대 기기를 서로 연결해 정보를 교환하는 근거리 무선 통신 기술을 개발해 냈습니다. 에릭슨사는 이 기술의 이름을 무엇이라 할지 고민하다가 블루투스(해럴드)가 스칸디나비아반도를 하나로 통일한 것처럼, 이 무선 통신 기술로 **모든 기기들을 하나로 통일한다는 상징적인 뜻을 담아 '블루투스'란 이름을 붙였다고 해요.**

▲ 블루투스 로고

풉, 저 왕은 이를 안 닦았나 봐.

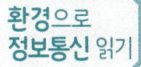 **환경으로 정보통신 읽기** | 휴대폰을 만드는 데 왜 고릴라들이 슬퍼할까?

콜탄은 휴대폰 배터리와 같은 전자 기기를 만드는 데 사용되면서 인기가 높아졌습니다. 다시 말해, 전자 제품을 많이 만들수록 더 많은 콜탄이 필요해졌다는 뜻이지요. 이것은 주로 아프리카 콩고 민주 공화국에서 생산되는데, 이곳에 무려 전 세계 콜탄의 80%가 묻혀 있다고 합니다.

싸구려 취급을 받던 콜탄이 금값이 되자, 콩고 사람들은 콜탄을 조금이라도 더 많이 캐기 위하여 밀림을 파헤치기 시작하였습니다. 밀림에 일부러 불을 지르는 사람들이 생겨나고, 콜탄을 차지하기 위한 전쟁까지 벌어져 밀림은 더욱 아수라장이 되어 버렸지요.

더 큰 문제는 그 과정에서 고릴라들이 희생되었다는 점입니다. 고릴라들이 살고 있는 지역에 **콜탄이 많이 묻혀 있다는 사실을 알게 된 사람들이 고릴라들의 보금자리를 파헤쳐 버렸기 때문**이에요. 현재 살 곳을 잃은 고릴라들은 멸종 위기에 처했지요. 이를 알게 된 사람들은 고릴라를 보호하기 위해 '폐휴대폰 수거 캠페인'을 진행하였습니다.

5장 모바일 사회에서는 어떤 일이 일어날까?

▶ 구린내 : 똥이나 방귀 냄새와 같이 고약한 냄새.
▶ 급히 : 시간의 여유가 없어 일을 서두르거나 매우 빠르게.

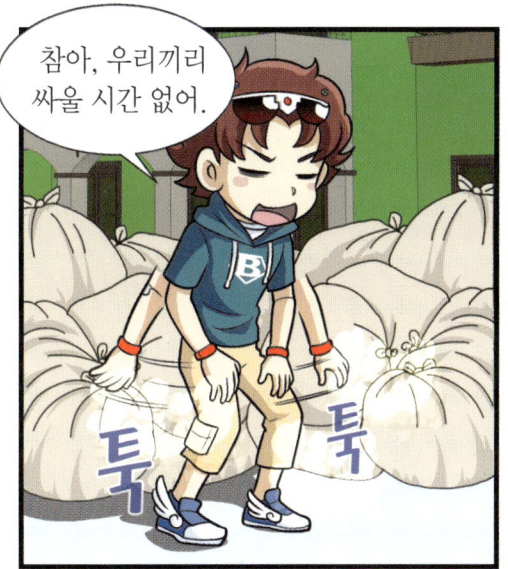

▶ **두고 보다** : 앞으로 벼르거나 앙갚음을 하겠다고 할 때 하는 말.
▶ **고약하다** : 냄새 등이 비위에 거슬리게 나쁘다.

▶ 태도 : 어떤 일이나 상황에 대해 갖는 입장.
▶ [149쪽] 구부정하다 : 조금 구부러져 있다.

▶ 거북 목 : 잘못된 자세 때문에 거북처럼 목이 앞으로 구부러진 모양을 비유한 말.
▶ 부작용 : 어떤 일에 뒤따라오는 바람직하지 못한 작용.

톡톡 과학 — 모바일 중독이란 무엇일까?

모바일 중독은 휴대폰과 같은 모바일 기기의 사용 시간을 자신이 조절하지 못하는 것이다. 일반적으로 휴대폰을 손에 쥐지 않으면 불안감을 느끼며, 심한 경우에는 시력 감퇴나 거북 목, 손목 터널 증후군 등 신체적인 이상도 생긴다.

예방 방법은 의도적으로 모바일 기기의 사용을 줄이는 것이다. 나신 스스로 농세가 가능하다면 중독이 아니므로 점차 사용 시간을 줄여 가는 것이 바람직하다.

스마트폰에 갇혔어요.

어쩐지~ 사람들이 우릴 신경도 안 쓰더라.

정말 다들 휴대폰만 보고 있네.

호호~ 찾았다!

엥?

여기 있었구나! 내 스마트폰!

으아악! 나 니 거 아냐!

▶ **중독** : 어떤 사물에 빠져 정상적으로 사물을 판단할 수 없는 상태.
▶ **감퇴** : 기운이나 세력 등이 줄어 쇠퇴함.

▶ [150쪽] 손목 터널 증후군 : 휴대폰 등을 과도하게 사용하여 생기는 손목 질병.
★ 앱 : app. 스마트폰에서 실행하는 응용 프로그램인 '애플리케이션'의 줄임말.

▶ [153쪽] 기능 : 기계나 부품 등이 어떤 일을 해내는 능력.
▶ [153쪽] 대놓고 : 사람을 앞에 놓고 거리낌 없이 함부로.

▶ 혼란 : 뒤죽박죽이 되어 어지럽고 질서가 없음.
★ 자판 : 글자판이 일정하게 배열되어 있는 입력 장치.

▶ 상황 : 일이 벌어진 때의 모습이나 형편.
▶ 배신자 : 믿음을 저버린 사람.

▶ 문단속 : 사고가 나지 않도록 문을 잘 닫아 잠그는 일.
▶ 덜렁거리다 : 침착하지 못하게 행동하다.

▶ 보안 : 안전을 유지함.
★ 클릭 : click. 마우스 같은 입력 장치의 버튼을 누르는 것.

라이브 영상   모바일 사회와 애플리케이션

오늘날 사회는 모바일과 뗄 수 없는 관계가 되었다. 모바일 기기의 발달은 온갖 애플리케이션이 출시되는 기반을 마련해 주었고, 이제는 하루에도 수백 개의 애플리케이션이 만들어질 정도로 그 종류가 많아졌다.

사람들이 많이 사용하는 애플리케이션으로는 모바일 게임, 메신저, SNS, 카메라는 물론 사물 인터넷과 관련된 것들이 있다. 사물 인터넷의 대표적인 앱으로는 ▶스마트 홈, ▶스마트 헬스 케어 등이 있다.

▲ 앱을 다운받을 수 있는 앱 스토어

▶ **스마트 홈** : smart home. 집 안의 모든 가전 제품을 연결해 제어하는 기술.
▶ **스마트 헬스 케어** : smart health care. 모바일 기기로 체크하는 건강 관리 시스템.

▶ **원격 진료 서비스** : 온라인을 통해 진찰하는 종합 의료 서비스.
▶ **자율 주행 서비스** : 인터넷에 연결된 차량에 안전하고 편리함을 제공하는 서비스.

★애플리케이션 : application. 스마트폰에서 실행하는 응용 프로그램으로, 사용자의 편의를 위해 개발되었다. 이를 줄여 '앱'이라고도 한다.

▶ **[160쪽] 레이저포** : 레이저를 이용하여 로켓을 파괴하는 포.
▶ **수다** : 쓸데없이 말이 많음.

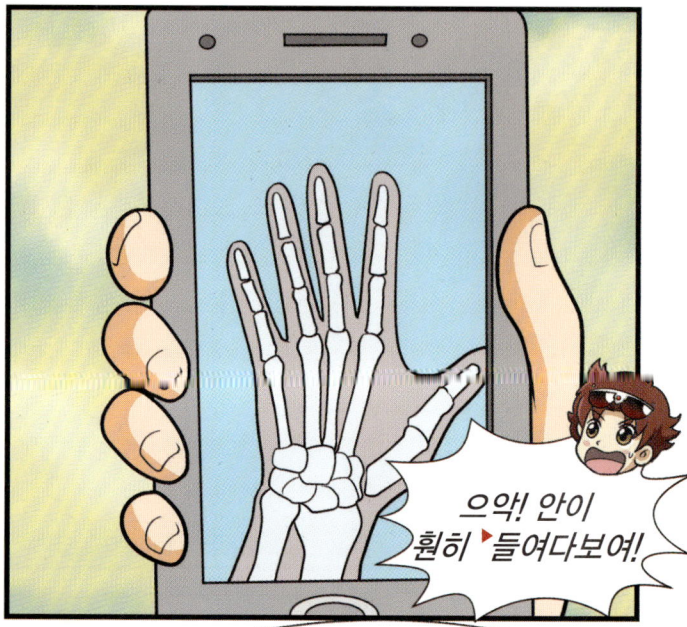

▶ 들여다보이다 : 밖에서 안이 보이다.
▶ 투시 : 막힌 물체를 환히 꿰뚫어 봄.

★[162쪽] 스마트 글라스 : smart glass. 안경 형태의 사물 인터넷 기기. 스마트폰에서 가능했던 문자 메시지 전송, 사진 촬영, 인터넷 등의 기능을 사용할 수 있음.

▶ 괴물 : 괴상하게 생긴 물체.
▶ 찝찝하다 : 개운하지 않고 무언가 마음에 걸리는 데가 있다.

▶ 장비 : 갖추어 차림. 혹은 그 장치.
▶ 모드 : mode. 특정한 작업을 할 수 있는 어떠한 상태.

166 ★에너지 : energy. 물체가 가지고 있는 힘이나 능력.
▶초월적 : 일정한 범위를 벗어나는 행동이나 상태.

▶ 급 : 계급이나 등급.
▶ 펀치 : punch. 상대편을 주먹으로 세게 치는 일.

▶ 작전 : 어떤 일을 이루기 위하여 필요한 조치나 방법을 강구함.
▶ 반칙 : 정해 놓은 규칙을 어기는 것.

▶ 죽이 맞다 : 서로 뜻이 맞다.
▶ 꼬맹이 : 키 작은 사람을 얕잡아 이르는 말.

▶ **전투** : 양편이 직접 맞서서 온갖 무기를 사용하여 싸움.
▶ **듣도 보도 못하다** : 전혀 알지 못하다.

▶ [170쪽] 플래시 : flash. 어두운 곳에서 강한 빛을 쏘아 주는 기능으로, 휴대폰에서 손전등의 역할을 한다.

▶ 정신(을) 차리다 : 잃었던 의식을 되찾다.
▶ 왕따 : 따돌림을 당하는 사람.

▶ 찬밥 : 중요하지 않은 사람이나 사물을 비유적으로 이르는 말.
▶ 순진하다 : 세상에 대해 잘 몰라 어수룩하다.

라이브 영상 여주시립폰박물관

여주시립폰박물관은 전화기를 주제로 한 박물관이다. 휴대폰과 관련된 갖가지 ▶자료가 전시되어 있다.

▲ 여주시립폰박물관

▶ 자료 : 연구나 조사 등에 바탕이 되는 재료.
▶ 발달사 : 어떤 부문이 발달하여 온 과정에 대한 역사.

▶ 골동품 : 오래되었거나 희귀한 옛 물품.
▶ 복귀하다 : 원래의 자리나 상태로 돌아가다.

▶**월이** : 인공 지능 로봇으로, 아라와 누리를 지구로 데려온 우주선의 선장. 빅토피아 로봇들의 대장격.

▶ 유행 : 특정한 상품 등이 일시적으로 많은 사람의 관심을 받아 널리 퍼짐.
▶ 뒤처지다 : 어떤 수준이나 대열에 들지 못하고 뒤로 처지거나 남게 되다.

▶ **전송** : 글이나 사진 등을 전류나 전파를 이용해 먼 곳에 보내는 것.
▶ **합체하다** : 둘 이상의 것이 합쳐져 하나가 되다.

인포그래픽 핵심 과학

 모바일 시대 속 아라의 하루

모바일 시대 속에 살고 있는 우리는 하루의 시작과 끝을 휴대폰과 함께한다.

오전 7시
모닝콜 앱 하나면 알람 시계 없이도 제시간에 일어날 수 있다.

오전 8시
외출할 때 버스 앱만 있으면 도착 시간에 맞춰 탈 수 있다.

오전 9시
이동을 하며 인터넷 검색은 물론 메신저를 사용할 수 있다.

플러스 통합 과학

사회로 정보통신 읽기
직접 민주주의를 실현하는 온라인 투표

민주주의가 맨 처음 생겼을 때에는 시민들 모두가 한자리에 모여서 법률을 직접 만들고, 다수결로 문제를 해결하곤 했습니다. 이것을 바로 '직접 민주주의'라고 하지요.

반면, 오늘날 많은 나라에서는 '간접 민주주의'를 실시하고 있어요. 간접 민주주의는 국민들이 대표자를 뽑아서 나랏일을 대신하게 한 것이지요. 왜 직접 민주주의에서 간접 민주주의로 바뀌었을까요? 그 이유는 바로 국민의 수가 늘어났기 때문이에요. 국민의 수가 증가하자 도저히 한자리에 모여 문제에 대한 해결 방법을 찾기 어려웠던 것이지요.

그런데 **모바일 기기와 인터넷의 발달로 국민들이 정치에 '직접' 참여할 수 있는 길이 열렸습니다.** 바로 온라인을 통해서이지요. 우리나라에서는 '국민 신문고'라는 사이트를 통해 국민들이 ▶국정에 참여할 수 있도록 하고 있어요. 또한 몇몇 도시에서는 이미 온라인 투표를 통해 정책을 결정하고 있습니다.

▲ 터치스크린 전자 투표
▲ 휴대폰 투표
▲ 인터넷 투표

빅터들! 오늘 저녁 메뉴를 투표해 줘!

▶ **국정**: 나라를 다스리는 일.

통계로 정보통신 읽기: 스마트폰 중독 위험 100만 명

'스몸비'는 스마트폰과 좀비의 합성어입니다. 스마트폰을 들여다보며 길을 걷는 사람들을 가리키는 말이지요. 스마트폰을 보느라 주변을 살피지 않는 탓에 안전사고가 크게 늘어 심각한 사회 문제가 되고 있습니다.

그런데도 스마트폰 중독은 갈수록 늘고 있습니다. 한국지능정보사회진흥원에서 공개한 자료에 따르면, 10대 청소년 가운데 스마트폰 ▶과의존 위험군은 2013년 25.5%에서 2022년 40.1%로 늘었다는 사실을 알 수 있습니다. 즉, **10명 중 4명이 이미 스마트폰 중독**이라는 것이지요.

생활을 편리하게 해 주는 스마트폰이지만, 이를 과도하게 사용하면 거북 목 증후군이나 수면 장애, 우울증 등이 나타난다고 합니다. 본인이 스마트폰을 지나치게 사용하지는 않는지, 스마트폰이 없으면 불안하지는 않은지 살펴보고 미리 예방하도록 합시다.

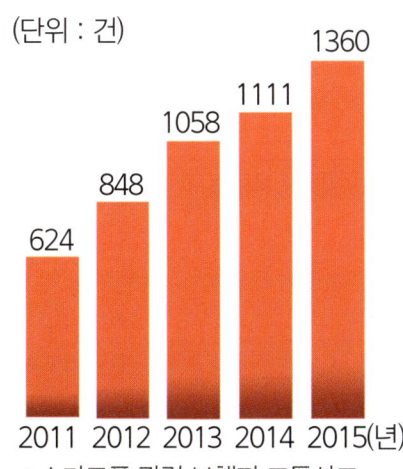

▲스마트폰 관련 보행자 교통사고 (단위: 건)

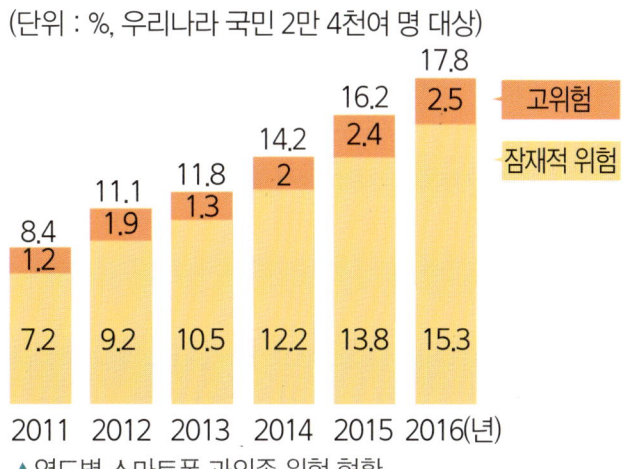

▲연도별 스마트폰 과의존 위험 현황 (단위: %, 우리나라 국민 2만 4천여 명 대상)

▶**과의존**: 지나치게 의존하는 것.

도전! 과학 퀴즈

1번 누리가 가로세로 퍼즐을 풀고 있어요. 누리와 함께 퍼즐을 풀어 보세요.

①모				
				③
	②팀			리
④블		투		지

가로 열쇠

① '움직일 수 있는'이라는 뜻으로, 휴대폰과 같이 이동성을 가지고 있는 것을 가리키는 말이다.
② 월드 와이드 웹을 개발한 사람.
④ 휴대폰 등의 휴대 기기를 서로 연결해 사용하는 무선 통신 기술.

세로 열쇠

① 세계 최초로 유선 전신을 발명한 과학자.
③ 세르게이 브린과 함께 구글을 만든 창업자.

2번

아라가 가로세로 퍼즐을 푸는 데 어려움을 겪고 있어요. 아라와 함께 퍼즐을 풀어 주세요.

	① 전					
				②		넷
	파		③ 스			
		④		트		

가로 열쇠

① 전류나 전파를 이용하여 통신하는 기계. 전보를 주고받을 수 있다.
② 월드 와이드 웹은 ○○○과 하이퍼텍스트를 결합해 만든 것이다.
③ 여러 명의 사람들에게 동의 없이 마구 보내는 불필요한 광고 메시지.
④ 정보를 주고받는 망, 다른 말로 통신망.

세로 열쇠

① 맥스웰의 주장을 증명한 헤르츠의 ○○○○ 실험.
③ 피처 폰과 반대되는 개념으로, 오늘날 ○○○폰을 많이 사용한다.

도전! 과학 퀴즈

3번 다음은 옛날의 정보 전달 방식과 관련된 그림이에요. 알맞은 단어를 찾아 선을 이어 보세요.

①  • • 전서구

②  • • 파발

③  • • 봉수

4번 다음 빈칸에 들어갈 단어는 무엇일까요?   답 (   )

☐ 은(는) 특정 단어에 대한 정보를 다른 문서에 연결해 두어서 정보 검색을 빠르게 할 수 있도록 해 줘요.

① 하이퍼텍스트   ② LTE   ③ 전보   ④ 메일

5번 다음 인물과 그 인물이 말한 내용이 서로 맞지 <u>않은</u> 것은 무엇일까요?

답 (   )

모스

내 덕분에 먼 거리로도 정보를 보낼 수 있는 전신기와 모스 부호가 만들어졌지.

벨

어려운 모스 부호를 쓰는 것보단 내가 특허를 받은 전화기가 훨씬 편리하지.

마르코니

모르는 소리! 내 덕에 유선 통신 장치가 완성되었어. 그게 없었으면 지금의 통신 기술은 불가능했을걸.

팀 버너스리

나는 월드 와이드 웹을 만들었어. 인터넷이 대중화될 수 있었던 건 다 내 덕분이야.

① 모스
② 벨
③ 마르코니
④ 팀 버너스리

도전! 과학 퀴즈

6번 다음은 IT 업종의 유명인입니다. 이 인물은 누구일까요?   답 (   )

나는 세르게이 브린과 함께 구글을 만들었어.

① 래리 페이지   ② 마크 주커버그   ③ 스티브 잡스   ④ 빌 게이츠

7번 다음 두 학생은 무엇에 관해서 이야기하고 있을까요?   답 (   )

어제 숙제할 때 이것을(를) 이용하니까 정보를 찾는 게 빠르고 쉽더라.

다양한 분야의 전문가와 만날 수 있고 최신 정보를 받을 수도 있어.

① 제주도   ② 책   ③ TV   ④ 인터넷

힘을 내. 파이팅!

8번 다음 미로를 빠져나갈 때 두 번째로 만나는 이동 통신 세대와 관련이 없는 단어는 무엇일까요?   답 (   )

힌트

㉠ 1세대 이동 통신 휴대폰은 '벽돌폰'이라는 별명을 갖고 있어요.
㉡ 2세대 이동 통신에서 문자 메시지를 보낼 수 있게 되었어요.
㉢ 3세대 이동 통신 때 스마트폰이 확산되었어요.

① 인터넷 검색   ② 아날로그 통신
③ 디지털 통신   ④ 영상 통화

도전! 과학 퀴즈

9번 다음은 인터넷 신문 기사입니다. 빈칸에 들어갈 말로 가장 적절한 것은 무엇일까요?   답 (   )

> **120년 만에 밝혀진 전화기의 진짜 발명가는 누구?**
>
> 최초의 전화기 발명가는 [   ]로 알려져 있지만, 2002년 안토니오 메우치라는 사실이 밝혀졌습니다. 당시 안토니오 메우치는 전화기를 먼저 발명하고도 특허 등록을 위한 설계도와 전화기 모델을 잃어버리는 바람에 특허권을 얻지 못했습니다.

① 알렉산더 그레이엄 벨
② 일론 머스크
③ 스티브 잡스
④ 니콜라 테슬라

내가 아니었다니!

10번 다음은 빅터들이 개발한 스마트 워치의 설명서입니다. 그런데 틀린 부분이 있네요. 고쳐야 하는 부분은 무엇일까요?   답 (   )

빅터 워치

제품 특징 : ㉠다양한 사물 인터넷 기기와 잘 연동되며 냉장고나 TV 등을 ㉡인공 지능 비서를 통해 조종할 수 있습니다. 또 ㉢기기 안에 들어 있는 센서를 통해 실시간으로 몸 상태를 점검하여 크고 작은 질병을 예방할 수 있습니다. 한 가지 아쉬운 점은 ㉣통화 기능을 넣지 못하였다는 것입니다.

① ㉠   ② ㉡   ③ ㉢   ④ ㉣

11번 다음과 같은 내용으로 공로상을 주려고 합니다. 다음을 읽고 빈칸에 알맞은 말을 고르세요.

공로상

이름 : A

위 사람은
월드 와이드 웹을 발명하여
B
하는 데 이바지하고
정보화 시대를 열었으므로
이 상을 드립니다.

---

(1) 빈칸 A에 들어갈 이름은 누구일까요? 답 (   )

① 알베르트 아인슈타인
② 마리 퀴리
③ 칼 세이건
④ 팀 버너스리

(2) 빈칸 B에 들어갈 말로 가장 적절한 것은 무엇일까요? 답 (   )

① 글씨를 예쁘게 쓰도록
② 인터넷을 누구나 쉽게 사용하도록
③ 서로 다른 언어가 통하도록
④ 가장 빠르게 게임할 수 있도록

도전! 과학 퀴즈

12번 다음 광고를 보고 스마트폰으로 할 수 있는 기능을 모두 고른 것은 무엇일까요? 답(   )

당신을 위한 다양한 기능이 있습니다.
데이터를 이용해 메일을 주고받을 수 있고
인터넷으로 전화도 할 수 있습니다.
앱을 이용해 실시간 영상도 시청할 수 있습니다.
강력한 멀티미디어 기능! 별자리 스마트폰뿐입니다.

① 인터넷 전화, 메일, 동영상 시청
② 자동차 자율 주행, 메일, 동영상 시청
③ 인터넷 전화, 홍채 인식, 모스 부호 송신
④ 메일, 동영상 시청, 모스 부호 송신

13번 수업 시간에 검색 엔진을 주제로 토의하고 있습니다. 주제와 관련해 적절한 말을 하는 친구는 누구일까요? 답 (   )

① 태호　　② 철수　　③ 은서　　④ 아영

도전! 과학 퀴즈

14번 과거와 현재에 있는 사람이 특별한 무전기로 직접 이야기를 나누게 되었습니다. 빈칸에 들어갈 수 <u>없는</u> 말은 무엇일까요?   답 (   )

과거 사람 : 여기는 1997년입니다.
현재 사람 : 여기는 2017년입니다.
과거 사람 : 아니, 20년 후의 한국이라는 말입니까?
현재 사람 : 네, 맞습니다. 지금 말씀하시는 분이 과거의 분이라니 믿기지가 않군요.
과거 사람 : 2017년에는 휴대폰으로 무엇을 할 수 있나요?
현재 사람 :
과거 사람 : 정말 신기하군요!
현재 사람 : 그곳의 통신 기술은 어떤가요?
과거 사람 : 음성 통화와 문자 메시지 전송 정도만 가능합니다.
현재 사람 : 그렇군요.
과거 사람 : 어서 2017년의 기술을 쓸 수 있는 날이 왔으면 좋겠네요.
현재 사람 : 네, 기대하셔도 좋습니다…!

① 휴대폰으로 인터넷 검색이 가능합니다.
② 휴대폰이 길도 찾아 줍니다.
③ 휴대폰이 로봇으로 변신합니다.
④ 휴대폰으로 영상 통화를 합니다.

15번 스마트폰은 편리한 기기이지만 잘못 사용하거나 지나치게 의존하면 오히려 해가 되지요. 다음을 참고하여 친구들끼리 모바일 중독 예방 규칙을 정해 보세요.

모바일 중독 예방 수칙

1. 방과 후 할 일을 먼저 하고 인터넷을 사용하세요.
2. 학습을 위한 인터넷 사용을 늘리세요.
3. 하루 모바일 사용 시간을 정해 두세요.
4. 사용 시간과 내용을 기록해 두세요.
5. 휴대폰을 하며 군것질이나 식사를 하지 마세요.
6. 스마트폰 때문에 취침 시간을 넘기지 마세요.
7. 다른 취미나 운동 시간을 늘려 주세요.

이름	규칙
누리	인터넷 사용 시간을 기록해 둔다.
아라	스마트폰 게임은 하루에 30분만 한다.

도전! 과학 퀴즈 정답과 해설

1번

① 모	바	일			
스					③ 래
	② 팀	버	너	스	리
					페
					이
④ 블	루	투	스		지

2번

① 전	신	기			
자			② 인	터	넷
기					
파		③ 스	팸		
		마			
	④ 네	트	워	크	

3번

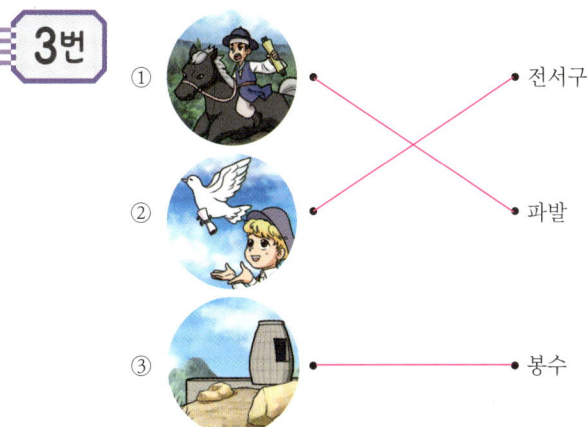

① ● ● 전서구

② ● ● 파발

③ ● ● 봉수

4번 답 ①

하이퍼텍스트는 사용자가 특정 단어나 문자를 클릭했을 때 관련 있는 문서나 웹으로 옮겨 갈 수 있도록 연결해 놓은 것이다.

5번 답 ③

마르코니는 유선 통신이 아니라 무선 통신에 성공하였다. 유선 통신에 최초로 성공한 것은 모스이다.

6번 답 ①

세르게이 브린과 함께 구글을 창업한 사람은 래리 페이지이다.

7번 답 ④

두 학생은 인터넷의 장점에 대해 이야기하고 있다.

8번 답 ②

미로를 빠져나갈 때 두 번째로 만나는 휴대폰은 3세대 이동 통신에 해당한다. ②아날로그 통신은 1세대 이동 통신과 관련 있다.

도전! 과학 퀴즈 정답과 해설

9번 답 ①

세계 최초의 전화기 발명가로 알려진 사람은 벨이지만, 2002년 안토니오 메우치라는 사실이 밝혀졌다.

10번 답 ④

스마트 워치는 4세대 이동 통신 기기로, 통화와 문자 메시지 전송은 물론 다양한 기능을 사용할 수 있다.

11번 답 (1) ④ (2) ②

팀 버너스리는 월드 와이드 웹을 개발하여 인터넷을 대중화하는 데 앞장섰다.

12번 답 ①

이 광고에서 알 수 있는 사실은 메일 송수신, 인터넷 전화, 동영상 시청 기능을 가진 스마트폰이라는 것이다.

13번 답 ③

검색 엔진 덕분에 인터넷에서 자료를 편히 찾을 수 있게 되었다.

14번 답 ③

휴대폰이 로봇으로 변신하는 기술은 아직 개발되지 않았다.

15번

답 (예시)

이름	규칙
누리	인터넷 사용 시간을 기록해 둔다.
아라	스마트폰 게임은 하루에 30분만 한다.
나현	숙제를 하고 인터넷을 사용한다.
성준	자기 전에 휴대폰을 하지 않는다.

자료 제공

사진 출처 63 마르코니·위키피디아 68 아레시보 메시지·위키피디아 norro 103 와이파이·굿프리포토 106 아마존·연합뉴스 107 해양 로봇·셔터스톡 115 다이나택 8000X·여주시립폰박물관 124 애플 로고·픽사베이, 구글 로고·픽사베이 129 블루투스·위키피디아 144 블루투스·위키피디아 150 모바일 중독·셔터스톡 158 앱 스토어·셔터스톡 174 여주시립폰박물관·여주시립폰박물관 188 래리 페이지·연합뉴스 192 스마트폰·셔터스톡

통계 출처 144 세계 스마트폰 보급률·TNS, KT경제경영연구소(2016년 3월 기준) 183 스마트폰 관련 보행자 교통사고·현대해상 교통기후환경연구소(2016년 기준), 연도별 스마트폰 과의존 위험 현황·한국지능정보사회진흥원(2016년 기준)

이 책에 사용한 모든 자료의 출처를 밝히기 위해 노력하였습니다. 누락되거나 잘못된 점이 발견되면 바로잡겠습니다.

2016소년조선일보
올해의 어린이책 대상

EBS 한국사 **최태성** 강사 강력 추천

교과서 인물로 배우는
우리 역사

권장 대상 : 초등 전 학년(1~6학년)

**멀티미디어 역사 카드
+ 세트 구입 시 역사 연표 제공**

책 속의 QR코드를 이용해 드론 촬영한 생생한 유적지를 만나 보세요!

LIVE 한국사 시리즈 전 20권

선사 시대·고조선	1권 선사시대와 고조선
삼국·남북국	2권 고구려의 성장과 쇠퇴 3권 백제의 찬란한 문화 4권 신라의 발전 5권 통일신라와 발해
고려	6권 고려의 건국 7권 무신 정권과 천민의 난 8권 고려의 쇠퇴
조선	9권 조선의 건국과 발전 10권 훈구와 사림의 대립 11권 임진왜란 전후의 상황 12권 병자호란과 북벌 13권 실학과 서민 문화
근대화기	14권 빗장을 연 조선과 계몽사상 15권 개항기와 독립협회
일제강점기	16권 독립운동과 계몽사상 17권 무장 독립운동 18권 광복과 대한민국 임시 정부
대한민국	19권 6·25와 경제 개발 계획 20권 대한민국의 발전